아동안전관리 2판

아동안전관리 2판

곽은복 저

학지사

머리말

한 인간이 자신의 삶을 건강하고 풍요롭게 살아가기 위해서는 안전한 환경의 확보가 전제되어야 합니다. 유아교육의 궁극적 목적은 유아의 잠재력을 개발하여 유아의 성장발달을 극대화할 수 있도록 하는 데 있으나 이는 유아가 안전을 보장받았을 때에만 가능합니다. 따라서 유아교육기관에서의 안전관리는 교육과 함께 선결되어야 할 기본적인 원칙인 동시에 더 나은 경험을 유아에게 제공하기 위해 전제되어야 할 우선적 과제인 것입니다.

안전이 아무리 중요하다 할지라도 우리 성인들이 365일 24시간을 완벽하게 아이들을 따라다니면서 안전하게 행동할 것을 요구하는 것은 불가능합니다. 그렇기에 유아들을 위한 체계적인 안전교육은 꼭 필요합니다. 교육을 통해서 얻은 결과는 지시나 명령으로 얻은 결과보다 영구적인 특성을 지니고 있으므로 모든 생활습관이 형성되기 시작하는 영·유아기의 안전교육은 매우 중요합니다.

안전에 관한 연구들은 유아기에도 교육을 통하여 안전능력이 향상되었다고 밝혀 왔습니다. 결국 효과적인 교육의 힘을 통하여 유아기의 안전사고를 예방하고 유아 개개인이 어릴 때부터 안전행동을 습관화화는 것이 중요함을 의미합니다.

다시 말하면 유아들에게 해서는 안 되는 위험한 행동을 확실하게 가르쳐 주고, 성인 또한 위험요인들을 미리 없애고 조심함으로써 사고를 예방하는 것이 매우 중요합니다.

위험은 관찰 가능하고 사고는 예견될 수 있으므로 가정에서부터 유아들이 안전에 대한 민감성을 키울 수 있도록 도와주어야 합니다. 유아기의 안전사고는 철자를 습관적으로 잘못 쓰는 실수가 될 수 있으므로 유아들은 조기에 가정에서부터 안전사고가 왜 일어나고 어떻게 안전사고를 예방할지에 대한 이해를 하도록 해야 하며, 부모와 교사는 유아의 안전을 중재하고 유아의 신체적 안전을 최대한으로 유지하는 것이 바로 자신들의 중요한 역할이라는 것을 인식하여야 합니다.

아동안전관리 제2판은 특히 보육교사들이 어린이집의 안전관리를 어떻게 해야 하는지를 좀 더 종합적으로 제시했습니다.

이 책은 크게 세 부분으로 나누어 구성하였습니다. 제1부에서는 보육시설에서의 안전관리, 제2부에서는 안전교육프로그램의 이론적 근거, 제3부에서는 보육시설의 안전교육관련법령에 근거하여 4개의 안전 주제로 정리하여 수준별 활동으로 제시하였습니다.

이 책은 보육교사 필수과목 중의 하나인 아동안전관리와 유아교사 필수과목 중의 하나인 유아건강교육에 관련된 교재로 활용할 수 있으며 유아교육을 전공하는 예비교사와 유아교육기관의 교사, 초등학교 저학년 교사, 안전에 대해 연구하고 있는 대학원생, 자녀의 안전에 많은 관심을 가지고 있는 부모, 유아교육기관 등에서도 유용하게 참고할 수 있을 것입니다.

끝으로 이 책의 출판을 맡아 주신 학지사 김진환 사장님과 김경민 선생님에게 감사의 인사를 드립니다.

2008년 2월
문예관에서
저자 곽은복

차 례

■ 머리말 5

제1부 아동안전관리의 이론적 기초

제1장 아동안전관리의 개념화… 13

1. 발달특성과 안전 13
2. 안전사고의 원인 20
3. 안전교육의 개념 23
4. 안전교육의 목표 28

제2장 보육시설의 안전관리… 31

1. 안전관리의 중요성 31
2. 보육시설 및 설비의 안전관리 33
3. 생활 영역별 안전수칙 52

제2부 안전교육 프로그램

제3장 미국의 안전프로그램 모형… 63

1. 안전프로그램의 개발 원리 66
2. 안전프로그램의 운영 원리 67
3. 안전교수모형 구성 71

제4장 안전교육과정… 77

1. 안전교육의 내용 77
2. 교수전략 및 교사의 역할 91
3. 활동형태에 따른 교육방법 95
4. 영역별 안전활동계획안 98

제5장 응급처치… 119

1. 구급상자 120
2. 투약법 123
3. 영 · 유아를 위한 응급처치법 124

제3부 안전교육 프로그램의 실제

주제 1 생활안전… 133

주제 2 교통안전… 137

주제 3 신변안전… 163

주제 4 재해안전… 169

부록

부록 1 안전가정통신문 182
부록 2 보육시설 안전/영양관리 자체 진단표 206
부록 3 활동별 교수–학습 과정안 213
부록 4 안전교육 사이트 220
부록 5 안전일지 및 사고보고서 223
부록 6 기타 점검표 226

■ 참고문헌 231

제1부

아동안전관리의 이론적 기초

1장 아동안전관리의 개념화

2장 보육시설의 안전관리

제1장

아동안전관리의 개념화

1. 발달특성과 안전

유아의 발달적 특성을 이해하는 것은 유아의 자연적인 성숙 단계를 이해함으로써 안전교육의 내용이나 방향을 제대로 구성하기 위한 전제조건이 된다. 유아에게 주로 일어나는 사고의 주요 유형은 교통사고를 비롯하여 화재, 화상, 낙상, 익사 등이라고 할 수 있다. 이 시기는 성인과는 다른 특성을 가지고 있고 커다란 변화를 경험하는 시기로서 유아의 안전에 책임이 있는 성인들은 이들의 특성을 잘 이해하고 지도해야 한다.

유아기는 신체가 건강해지고 발달하는 시기로서 유아는 이러한 힘의 행사 이전에 다른 사람을 존중해야 한다는 사실을 깨닫기 시작하며, 이와 함께 분배와 자아통제 그리고 복종에 대해 좀 더 성숙한 의미를 이해하게 된다. 유아에게는 이러한 자신의 특징들을 발전시킬 수 있는 많은 기회가 필요하다.

유아기 안전사고는 이러한 발달특성과 깊은 연관이 있기 때문에 그에 대한 이해가 매우 중요하다. 유아기는 발달의 속도나 정도가 급격히 일어나는 시기로 새로운 기술과 능력이 발달되어 더욱 독립적으로 행동하고 사회적으로 적합한 행동을 배우는 시기다. 그러나 이러한 발달이 진행되는 과정에서의 미성숙은 유아기의 여러 안전사고와 관련성이 높다. 즉, 자신의 신체를 적절히 조정하고 균형을 유지하는 능력, 안정한 생활을 유지하는 데 필요한 지식이나 기술, 상황판단에 필요한 사고능력 등이 부족하다. 더구나 유아의 주변 환경에 대한 호기심과 탐색욕구는 신체적, 인지적인 측면에서의 미성숙으로 인하여 유아기 안전사고의 발생빈도를 높이는 중요한 요인으로 작용한다.

유아의 발달적 특성을 고려하여 안전교육의 방향을 몇 가지 살펴보면 다음과 같다.

1) 탐험에 대한 충동

유아기는 끊임없는 놀이를 통해 활기 있게 새로운 세계를 탐험하는 것이 특징이다. 유아가 성장하고 성숙해 감에 따라 그들의 놀이와 일상생활은 점차 현실적으로 변모해 간다. 예를 들어, 진짜 손목시계를 찬다거나 엄마가 요리하는 것을 돕는다거나 집안일을 돕는 데 어른이 사용하는 도구를 사용하는 것 등이다. 놀이에 있어서도 단순한 탐험이나 실험 단계에서 능력을 개발시키기 위한 목적 있는 유용성의 단계로 변화한다. 능력을 개발한다는 것은 더욱 복잡하고 책임감 있는 과업 성취를 위해 시도하는 것을 말한다. 그 예로는 통학 수단으로 자전거를 타는 것과 신문 배달을 하는 것 그리고 정원 일을 돌보는 것 등이 있다.

유아의 개성은 그들 자신에게 상당히 중요한 부분이다. 그러나 동시에 유아에게는 함께 살아가기 위한 규칙이 필요하다. 이 규칙은 아동이 성장하면서 계속해서 새로운 의미를 가져야 한다. 즉, 규칙은 결코 깨져서는 안 된다는 단순한 견해에서 한 걸음 더 나아가 규칙은 문명화된 사회를 기초로 하는 원리들과 연결되어 있다는 조금 성숙한 견해를 가질 수 있어야 한다. 이러한 원리에 대한 유아의 인식이 개선됨에 따라 유아는 자아 통제와 자아 단련 그리고 주변 세계에서의 자신의 역할에 대한 인식 능력을 더욱 발전시켜 나가게 된다.

유아는 늘 새로운 세계에 대한 충동을 가지고 있어 성인이 예상치 못한 사고를 유발할 수 있다. 즉, 탐험에 대한 충동과 호기심을 충족하고자 하는 욕망 때문에 유아를 둘러싼 주변 세계는 늘 사고의 위험성이 있다. 그럼에도 불구하고 유아는 주변 사회의 규칙을 이해하고 규칙을 필요로 함으로써 스스로 자아 통제력을 가지기도 한다. 따라서 유아에 대한 안전교육은 사회의 질서 및 규칙과 관련하여 안전을 스스로 생각하도록 하고, 안전 수칙을 지키게 함으로써 새로운 세계에 대한 그들의 탐험심이나 호기심을 규칙과 질서 내에서 승화시켜 나갈 수 있도록 지도해야 할 것이다.

2) 자아 통제와 자기 훈련

유아는 사고에 대한 자기 보호 능력을 가지게 됨에 따라 자아 통제와 자아 단련 그리고 스스로를 보호해야 하는 자신의 역할을 발전시켜 나간다. 위험에서 안전하게 보호하는 것은 유아가 성장함에 따라 더욱 어려워진다. 따라서 유아에게 필요하고 바람직한 행동을 하도록 가르치는 것도 중요하지만 위험한 상황에 대처할 수 있는 능력을 키워 주는 것이 더욱 중요하다. 유아가 일단 사고의 위험에 직면하게 되면, 종종 자기 자신을 통제하는 능력을 가진다. 그들은 상황 판단을 내리고 그에 따른 어떤 결정을 한 후 곧바로 그것을 실천으로 옮긴다. 이러한 판단과 행동은 사고의 위험을 감소시키기도 하지만 때로는 사고를 유발시키기도 한다.

이렇게 유아가 일상적인 생활환경 속에서 처할 수 있는 위험에 스스로 대처할 수 있는 능력을 키워 주어야 한다. 예를 들면, 유아 혼자서 매일 안전하게 통학할 수 있도록 지도해야 한다. 걸어서 통학하는 유아는 종종 차도로 뛰어들어 사고를 당하기도 한다. 유아에게 차도를 건널 때는 반드시 횡단보도로 건너야 한다는 것과 인도로 다닐 때는 반드시 좌측통행을 해야 한다고 가르쳐야 한다. 또 신호등에 정지 신호가 켜져 멈춰야 할 때나 신호가 바뀌어 횡단보도를 건너가야 할 때에 늘 주위를 살피고 조심해야 하며, 우측으로 통행을 할 경우 사고의 위험이 더욱 높다는 사실도 분명히 인식시켜야 한다.

3) 방어적인 행동

유아는 차츰 방어적인 행동을 배우기 시작하고 규칙을 지켜 행동해야 한다는 사실을 이해하게 된다. 따라서 유아가 규칙을 준수하지 않는 다른 사람들의 잘못에 대처할 수 있도록 도와주어야 한다.

자전거를 타고 통학할 경우, 건널목에서 정지하는 규칙과 회전을 허용하는 신호 표시의 기초를 알고 있어야 한다. 따라서 유아가 복잡한 교통질서에 안전하게 대처할 수 있을 만큼 충분한 능력과 기능을 제대로 갖추고 있는지를 확인해야 한다. 초등학교 1학년 학생들의 대부분이 이런 능력을 갖추지 못하고 있으며, 만 6세의 유아는 자전거를 타고 통학할 만큼 손동작이 능숙하지 못하다.

버스나 자동차로 통학하는 유아는 안전하게 승하차하는 방법을 배워야 한다. 그리고 자동차 안에서는 얌전하게 행동하며 시끄러운 괴성을 지르거나 장난을 쳐서 운전기사가 운전하는 데 방해가 되지 않도록 주의를 주어야 한다.

유아에게 안전에 대한 습관을 길러 주는 것이 바로 이들에게 사랑과 관심을 갖는 것이다. 유아 스스로 자신을 보호할 수 있도록 격려하면서 그 자신을 가치 있는 존재로 인식시키는 것 역시 안전에 대한 습관을 길러 주는 데 도움이 된다.

4) 풍부한 상상 활동

유아기에는 상상 활동이 활발하게 이루어지는데, 창조적 상상과 함께 남이 상상하는 것을 그대로 따라 하는 모방적 상상이 있다. 상상의 특성에는 비현실성, 자발성, 융통성 등이 있으며 개인에 따라 차이를 크게 보인다.

창조적인 상상은 유아기에서부터 시작하여 아동기에 이르러 왕성해진다. 이때는 상상과 현실이 분화하며 자연 현상이나 물리적인 변화에 대한 호기심과 모험적이고 탐구적인 요구가 높아지기 때문에 이 시기를 지식 생활 시대, 객관적 생활 시대라고도 한다.

유아의 풍부한 상상 활동은 매스컴에 나오는 주인공들이나 흥미로운 동작에 대한 모방심리를 자극하여 사고를 일으키는 원인이 된다. 또한 위험물이나 환각제 등 약물 사고에 대한 위험 역시 일으키기 쉽다. 따라서 이 시기에는 유아의 풍부한 상상 활동이 긍정적으로 이루어질 수 있도록 지도하며, 단순 모방에 따른 위험 요인을 일깨워 주어야 한다.

규칙을 배우고 자기를 통제하며 방어적으로 행동하는 이런 능력은 더 먼 미래에 완전하게 독립할 것에 대비해서 성장과정을 통해 계속 발전시켜 나가야 한다. 기계의 사용법을 모르기 때문에 발생하는 부상을 예방하기 위해서는 그것을 다루는 특별한 기술과 요령을 가르치면 된다. 그리고 아이의 성숙과 안전에 방해가 될 수도 있는 감정 변화를 예방하기 위해서는 그 아이에게 관심이 있고 그가 좋아하는 사람과 상호 교육을 할 수 있도록 만들어 주는 것이 좋다. 아이들은 일반적으로 자기 자신과 자신의 주변 환경에 만족을 느낄 때 협동적이고 긍정적으로 변화한다. 부모는 아이의 자기 불신, 혼돈, 부진한 학업 성적, 비난 등으로 인한 스트레스를 이해하고 이에 대비해야 한다.

유아의 안전을 위협하는 가장 심각한 도전은 친구들의 요구와 생각에 대한 감정적 반응이다. 물론 수적으로 많은 것은 아니지만 일단 유혹에 빠지게 되면 다시 헤어 나오기가 어렵기 때문에 심각하다. 친구들의 유혹은 약물 중독이나 절도 등 큰 문제가 될 수도 있으며, 아이들은 금지된 행동에 대한 호기심이 매우 크므로, 이러한 행동 중 어떤 것은 때때로 아이가 강요로 인해 저항할 수 없는 상태가 되도록 만들기도 한다. 이때 유아에게 자아 통제와 독립적인 판단력을 가질 수 있도록 조기 교육을 실시해야 한다.

5) 공격성과 공포심

무엇보다 유아가 가진 공격성과 공포심이 이들의 안전사고와 연관된다. 이들은 화를 내고 소리를 지르거나 하는 외연적 공격성을 보이지만, 실제 누군가를 해치거나 지배하려는 의도는 없다. 그러나 이러한 특성 때문에 자신이 관심 있는 물건이나 놀잇감을 가로채려고 시도하며, 관심 있는 누군가를 목표로 위협행동이나 공격행위를 하게 된다. 공격적인 행동을 통해서 어떠한 목표가 달성되면 그것은 계속적으로 강화되어 결과적으로 다른 아동에게도 심각한 공포로 매우 급속하게 발달하여 특정 물체나 대상에 대한 상당히 불합리한 공포를 갖게 된다. 때로 공포심은 자신에 대한 방어에 도움이 되지만 진정한 의미에서 이것을 극복하는 데는 장해 요인으로 작용할 수도 있다.

종합해 볼 때 이 시기 유아의 공격성과 공포를 이해하고 이를 적절히 조절하여 더욱 긍정적인 방법으로 이를 표출할 수 있도록 돕는 것이 안전 목표에 포함되어야 할 것이다.

〈표 1-1〉 연령에 따른 위험요소와 예방책

연령	발달적 특성	위 험	예 방 책
출생 ~ 4개월	• 먹고, 자고, 울기 • 평평한 바닥에서 구르기 • 가만히 있지 않는다.	화 상	• 팔꿈치로 목욕물을 확인한다. • 항상 아기에게서 손을 떼지 않는다.
		낙 상	• 아기를 탁자나 침대 위에 둔 채 등을 돌리거나 나가지 않는다.
		장난감	• 삼키지 못하도록 큰 장난감을 선택한다. • 뾰족한 끝이나 모서리가 없으며 깨지지 않는 무독성인 장난감을 사용한다.
		날카로운 물체	• 핀과 뾰족한 물건을 아기 손이 닿지 않는 곳에 보관한다.
		질 식	• 얇은 플라스틱, 멜빵, 지퍼 달린 가방과 베개는 질식시킬 수 있다. • 단단한 매트리스가 안전하다.

4개월 ~ 12개월	• 잡고 돌아다니기 • 입 안에 물건을 넣기	놀이 영역	• 가까이에서 아기를 안전하게 보호한다. • 감독하에서 마루, 유아용 침대, 마당에서 놀게 한다.
		목 욕	• 팔꿈치로 목욕물의 온도를 확인한다. • 뜨거운 물의 수도꼭지를 만지지 못하게 한다. • 아기를 목욕탕에 혼자 두지 않는다.
		장난감	• 튼튼한 노끈에 달린 큰 구슬, 깨지지 않는 둥근 장난감이나 매끄러운 나무, 플라스틱은 안전하다. • 단추, 구슬, 동전 등은 조심한다.
		낙 상	• 아기를 탁자나 침대 위에 올려 놓고 나가거나 등을 돌리지 않는다. • 출입구나 계단에 문을 설치한다.
		화 상	• 스팀이나 벽난로 근처에 안전망을 설치한다. • 뜨거운 액체, 뜨거운 음식이나 전기 다리미, 토스트기, 커피포트 등의 전기 코드를 유아 손에 미치지 않게 한다. • 단단하고 모서리가 둥근 가구를 사용한다. • 뜨거운 가습기는 피한다.
1세 ~ 2세	탐색하고 기어올라가고 문과 서랍을 열어 보거나 물건들을 빼내서 가지고 노는 것을 좋아한다.	출입문, 창문, 문	• 계단, 차도, 창고 등으로 통하는 문을 안전하게 닫아 둔다. • 계단과 현관에 문을 설치한다. • 바깥놀이터의 철망문은 항상 닫아 둔다.
		놀이 영역	• 놀이터에 울타리를 친다. • 깨지거나 부서지지 않는 재료로 만든 장난감을 사용한다. • 커피포트, 토스트기, 전기 다리미, 라디오의 전기 코드는 유아 손이 닿지 않게 둔다.
		물	• 유아를 욕조나 얕은 수영장, 찬물에 혼자 두지 않는다.
		중 독	• 모든 약품과 중독물질을 캐비닛에 잠가서 보관한다. • 화장품, 가정용품. 특히 부식제는 유아의 손이 닿지 않는 곳에 보관한다. • 금속캔에 든 등유나 가솔린은 유아의 손이 닿지 않는 곳에 보관한다.
		화 상	• 벽난로, 스팀에 안전망을 설치한다. • 유아를 집 안에 혼자 두지 않는다. • 사고예방을 위해 유아를 항상 감독한다.
2세 ~ 3세	• 불에 유혹을 느낀다. • 계속 돌아다닌다. • 혼자 하려고 시도한다. • 모방하려고 탐색한다. • 빨리 달린다. • 인내심이 없다.	도 구	• 유아의 손이 닿지 않는 안전한 장소에 보관한다. • 연장과 부엌도구를 안전하게 사용하도록 가르친다.
		중독과 화상	• 약품, 가정용 세제용품, 성냥 등 잠가서 보관한다. • 무독성 미술재료를 제공한다.
		낙상과 상해	• 유혹하는 위험한 곳에 가지 않도록 한다(버려진 냉장고, 깊은 구멍, 쓰레기더미, 건축물과 낡은 빌딩 등).
		익 사	• 물의 위험을 알리면서 수영을 가르친다.
		교 통	• 유아에게 교통규칙과 위험을 가르친다. • 교통과 관계된 규칙에 복종하도록 한다.

2. 안전사고의 원인

유아교육기관에서도 안전사고가 자주 발생된다. 안전사고는 크게 두 가지 유형으로 나누어 볼 수 있다. 첫째는 물리적 요인에 의해 사고가 유발되는 경우고, 다른 하나는 물리적 환경이 완벽함에도 불구하고 인적 행동으로 인해 유발되는 경우다(한국소비자보호원, 1994). 안전사고의 유형은 창이나 문에 손 끼임, 안전창살 미비로 인한 사고에서부터 시작하여 동료관계에서 발생하는 다툼, 안전교육 미비로 인한 부주의까지 매우 다양하다.

무엇보다 사고는 하나의 원인만으로 발생하는 것은 아니다. 즉, 다양하고 복합적인 원인이 서로 연관되어 예상치 못했던 사고가 발생하는 것이다(한국어린이 육영회, 1997). 구체적으로 사고는 물적 · 인적 · 환경적 요인의 세 가지 요소에 의해서 발생하게 되는데, 어느 한 요인으로만 발생할 수도 있고 여러 요인이 복합적으로 작용해 발생하기도 한다.

첫째, 인적 요인이란 사고의 일차적 원인으로 사고 상황에 이르게 한 인간의 행동을 말한다. 인적 요인은 크게 나누어 개인의 선천적 · 후천적 소질에서 오는 요인, 즉 부주의, 무모한 행동 그리고 피로에서 오는 요인의 세 가지로 구분할 수 있다. 개인의 선천적, 후천적 소질 요인으로는 과격한 기질, 신경질, 시력 및 청력의 결합, 근골연합, 지식 및 기능의 부족, 중독증 및 각종 질환 등을 들 수 있다. 또한 부주의한 행동에서 오는 사고 요인으로는 지시의 무시, 불안전한 동작과 자세, 미숙한 작업 방법, 안전장치 등의 점검 소홀, 기계 · 기구의 사용 미숙, 비품의 사용 미숙 등을 들 수 있다.

둘째, 물적 요인이란 각종 물적인 시설에서 오는 요인을 말한다. 많은 사고가 우리 주변의 시설이나 기계적 결함에 의해 발생하기도 한다. 예를 들면, 자전거의 브레이크 파열이나 안전 수칙을 지키지 않고 제작된 유모차는 당연히 사고의 원인이 된다. 즉, 물적 요인은 불안전한 화학적, 물리적, 기계적 상황에서 발생하는 것이다. 다시 말해 불안전한 안전장비, 불안전한 기계설계 및 구조, 결함이 있는 비품 등은 사고를 일으키는 물적 요인이 된다.

셋째, 환경적 요인이란 우리 주변의 다양한 환경적 원인에 의해서도 불의의 사고는 발생한다. 사고를 일으키는 환경적 요인은 불안전한 각종의 물리적 · 화학적 요인을 말한다. 물리적 요인으로서는 도로의 나쁜 조건이나 난간이 설치되지 않은 계단, 작업장 또는 작업대의 협소, 통로의 협소, 조명 환기 시설의 부적당, 불안전한 복장 등과 같은 것이다. 화학적 요인으로서는 고열, 먼지, 소음, 가스 등의 제 위험을 들 수 있다.

결국 유아기 사고의 원인은 매우 다양하므로 이를 예방하기 위해서는 다양한 접근방법이 필요하다. 예를 들면, 놀이터에서의 사고를 방지하기 위해 놀이터 바닥에 모래나 톱밥을 깐다든지 창문에 안전망을 설치하는 것처럼 유아가 생활하는 공간의 물리적 환경을 변화시킴은 물론 자동차 안전의자 사용의 의무화 등과 같이 안전관련 법규를 강화하는 일도 필요하다. 이와 함께 대중매체나 지역사회 강연 등을 통해 안전에 관한 지식이나 정보를 제공함으로써 부모나 지역사회 사람들이 유아 안전의 중요성을 인식하게 하는 것도 중요할 것이다.

그러나 불행히도 우리 환경 속에 내재한 위험 요소를 모두 제거할 수는 없으므로 우리가 알고 있는 지식이나 기술을 실천에 옮길 수 있도록 해야 한다. 특히 인간의 행동을 변화시키는 일이 무엇보다 중요하며, 사고예방을 위해서는 개인적인 노력뿐만 아니라 사회의 공공 정책적 뒷받침도 따라야 할 것이다. 중요한 것은 안전사고의 원인을 개인적 결함에 한정시키기보다는 유아 자신과 유아를 둘러싼 환경과의 총체적 관점에서 파악해야 하는 것이며, 결국 유아교육기관은 시설 자체가 안전한 환경으로 갖추어져 있다 하더라도 유아의 발달적 특성을 고려하여 볼 때 유아가 다칠 위험성은 항상 잠재하고 있다고 볼 수 있다.

유아를 중심으로 일어나는 사고의 원인을 밝히고 이에 대한 대책을 마련하기 위해서는 유아 안전사고의 발생 유형을 구체적이고 체계적으로 이해해야 한다.

1) 사고 장소

유아에게 사고가 일어날 수 있는 가능성이 있는 장소는 다음과 같다.

- 유아교육기관: 운동장, 놀이터, 계단, 교실, 복도, 식당, 화장실, 창고 등
- 가정: 부엌, 거실, 방, 베란다, 옥상, 계단, 마당, 화장실, 창고 등
- 기타: 도로, 골목, 놀이터, 학원, 산, 계단, 강(또는 물놀이 장소), 논, 밭, 공원

2) 활동별 사고 유형

사고 활동의 유형을 학교, 가정, 사회 영역으로 구분하여 제시하면 다음과 같다.

- 학교에서의 사고
  - 신체 활동 중 사고
  - 실습 활동 중 사고
  - 수업 활동 중 사고
  - 휴식 중 사고
  - 놀이나 운동 중 사고
  - 현장 학습 활동(방과 후 활동, 소풍, 여름캠프 등) 중 사고
  - 기타 사고
- 가정에서의 사고
  - 도구, 기구 사용 중 사고
  - 위험한 물건(칼, 성냥, 라이터, 화약, 가스 등)을 다루던 중 사고
  - 위험한 장소(베란다, 계단 등)에서 놀던 중 사고
  - 기타 사고

- 사회에서의 사고
  - 물놀이 중 사고
  - 놀이터에서 놀이 중 사고
  - 길거리에서 놀이 중 사고
  - 위험물(칼, 성냥, 라이터, 화약, 가스 등)을 다루던 중 사고
  - 기타 사고

최근 유니세프가 발표한 OECD 가입 국가들의 인구 10만 명당 유아 안전사고 사망자 수는 다음과 같다.

〈표 1-2〉 인구 10만 명당 유아 안전사고 사망자 비교

구분 \ 국가	스웨덴	영국	이탈리아	네덜란드	노르웨이	그리스	스페인	덴마크	핀란드	아일랜드	독일	일본	프랑스
전체 상해사망	5.2	6.1	6.1	6.6	7.6	7.6	8.2	8.3	8.3	8.3	8.3	8.4	9.1

구분 \ 국가	벨기에	오스트리아	호주	스위스	캐나다	헝가리	체코	폴란드	뉴질랜드	미국	포르투갈	멕시코	한국
전체 상해사망	9.2	9.2	9.5	9.3	9.7	11.6	12.0	13.4	13.7	14.1	17.8	19.8	25.6

자료: 유니세프(2001). OECD 가입 국가들의 인구 10만 명당 유아 안전사고 사망자 수. 이 자료는 유니세프가 지난 1991년부터 5년 동안 OECD 회원국 중 26개국을 대상으로 교통사고를 비롯한 사고나 상해 등으로 인한 15세 이하의 어린이 사망률을 조사한 결과다.

3. 안전교육의 개념

유아는 발달적 한계가 있어 위험상황을 다룰 때 사고로 인한 상처를 받기 쉽다.

그러므로 유아의 신체적 안전을 개선, 유지하기 위해서는 유아의 안전사고를 한 개인의 문제로만 경시하거나 방치할 것이 아니라 사회적으로도 안전과 관련된 더욱 과학적인 측면에 관심을 기울여야 한다. 이 절에서는 '유아 안전' 에 대한 연구의 흐름을 파악함으로써 유아 안전을 개념화하고자 한다.

아동발달심리학에서의 안전과 관련된 초기 연구들은 '사고경향적' 유아를 정의하고 분명히 하는 것에 초점을 두었다(Rivara, 1984). 초기의 이러한 연구들은 심리역동적(psychodynamic) 접근방법을 사용하였다. 즉, 사고경향이 있는 유아는 부모의 애정결핍으로 공격적 행동을 자주 보이게 되며, 이로 인해 부모에게서 벌을 받을 가능성을 예상하여 두려워하게 된다는 것이다. 결국 이러한 두려움은 유아가 자신의 공격성을 내부로 돌려 사고를 더 많이 유발한다고 보는 것이다.

그 후의 연구들은 심리역동적 측면보다는 유아의 행동과 인지적 능력에 초점을 두었는데, 유아의 인지적 능력과 행동이 사고를 이끌거나 사고의 가능성을 줄인다고 보는 것이다. 이는 안전사고의 빈도가 유아 개인의 공격적 행동과 긍정적 관련이 있다고 했으며, 여러 연구(Ginsburg & Miller, 1982; Langley, McGee, & Silva, 1983; Rivara, 1982)에서 남아가 여아보다 위험의 여지가 있는 행동을 많이 하여 남아의 사고 발생률이 더 높다는 것을 밝히고 있다.

안전사고 요인은 크게 두 가지로 분류할 수 있다.

첫 번째 요인은 유아의 연령과 부모 및 가정의 특성과 관련된 것으로 유아의 연령이 사고의 유형과 관련이 있다(강희숙, 1994; Ast, 1995; Peterson & Mori, 1985). 걸음마기 영아의 경우는 이물질 흡입, 유아의 경우는 익사, 초등학생의 경우는 보행과 관련된 사고의 위험이 많다고 보고되고 있는데, 이러한 연령에 따른 안전사고의 차이점들은 부분적으로는 유아의 발달변화 때문인 것으로 보인다. 걸음마기의 영아는 무엇이든 입으로 가져가는 본능이 있고, 유아는 호기심으로 인해 물이 있는 곳에 특히 관심을 보이며, 학령기 아동은 혼자 길을 건너도록 가정에서 허용하기 때문에 이와 관련한 사고가 빈번하게 나타나는 것으로 판단된다. 안전사고에 있어서 이러한 연령차는 특히 사고를 통제할 줄 아는 것과 관련되는데(Willam &

Lund, 1992), 안전사고라는 것은 유아의 인지수준, 근육발달, 행동기술, 상황에 대한 접근방법의 상호작용과 깊게 관련되어 있기 때문이다. 그러므로 여러 유아의 개인적 위험특성을 확인하고 이의 사고예방을 우선적으로 고려하여 유아 개개인에 대한 안전사고 위험률을 확인해야 한다. Coppen(1986)은 안전을 이해하는 것과 인지적 발달은 병행한다고 하였다. 이는 유아가 '안전한 것' 과 '안전하지 않은 것' 을 이해할 수 있기 때문에 안전 연습을 하면 안전행동을 할 수 있다는 것을 의미한다.

두 번째 요인은 부모나 가정특성과 관련이 있다. 관련 연구에 따르면 학력이 낮고 자녀의 수가 많을수록 높은 사고율을 보였으며(Wicklund, 1984), 가족구성원 모두에게 스트레스가 있는 경우 유아의 사고율이 높았다(Freel, 1994). Cataldo(1991)는 스트레스가 있는 생활사건의 빈도와 화상, 독극물흡입, 그 밖의 다른 사고와 밀접한 관련이 있음을 밝혀냈다. 이는 스트레스를 유발하는 생활사건들은 부모의 대처능력을 떨어뜨리고 유아의 행동과 안전위험 감소에 신경을 덜 쓰게 됨으로써 유아의 안전사고를 증가시킬 수 있음을 의미한다. 이와 관련하여 가정의 사회경제적 지위가 유아의 안전사고와 관련이 있다(Garbarino, 1988; Greaves, 1990; Rivara & Mueller, 1985)는 결과들이 있는데, 이는 물리적 · 경제적 한계와 사회경제적 지위가 낮은 부모의 경우 자녀를 위한 안전한 환경의 구성에 어려움이 있기 때문인 것으로 보인다.

심리학자들은 사고매개체인 위험 요인을 변화시키는 데 중점을 두는 소극적인 방법의 한계를 극복하고자 사고통제 영역에서 유아의 행동, 태도, 생활방식을 변화시킴으로써 유아의 개인적 행동을 변화시키려는 노력을 해 왔다. 심리학적 연구에서 사고통제의 개념화에 대한 더욱 알맞은 틀은 안전교육이 필요한 대상을 확인하고, 안전 행동으로의 변화를 이끌기 위한 교육방법을 모색하고, 안전교육의 대상들에게 행동을 변화시키는 방법을 실제로 소개하는 것으로 시작한다(Peterson & Mori, 1985).

안전교육의 잠재적 목표는 유아, 부모, 사고유발 요인이 될 수 있다. 시행하는 방법에는 법률적/명령적인 방법(예, 새 자동차에는 에어백을 의무적으로 장착하도록 법령화)과 개인이나 집단에 대한 교육적/설득적인 방법(예, 지속적인 안전교육, 응급처치 특강 등)이 포함될 수 있다. 안전교육 개입의 잠재적 목표들과 접촉할 수 있는 방법에는 지역사회 전체에게 대중매체를 활용하는 방법, 특정발달 수준에 있는 아동에게 알맞은 교육적 개입을 고안하는 방법(예, 학령기 아동에게 길 건너는 방법을 가르쳐 주는 것과 같은 것), 사고의 위험이 높은 개인에게 특별히 더 유의하는 방법(예, 위험지역에 사는 아동에게 자신을 안전하게 지키는 방법을 가르치기 등)으로 나뉜다.

유아의 사고예방, 즉 안전에 대한 심리학자들의 연구들은 앞서 설명한 모형인 사고 매개체가 되는 위험 요인을 변화시키거나 제거하는 것을 좀 더 구체화하고 있다. 즉, 유아의 행동을 직접 변화시키는 방법에 초점을 둠으로써 세분화된 안전 관련 문제에 초점을 둔 전략을 사용할 수 있다.

이상에서 살펴본 유아기 사고예방, 즉 안전에 대한 논의들은 한계가 있기는 하나, 유아기 안전을 개념화하는 데 인지발달론적 견해에서 사고통제 접근법까지 모두 포함된다는 것은 분명하다.

인지발달론적 견해에서 볼 때 연령차에 따라 유아는 다른 방법으로 안전규칙을 개념화하고 배울 수 있고, 이 능력은 사고의 빈도와 관계가 있다는 것이다. 다시 말하면 좀 더 어린 유아는 환경과 근육발달기술의 제한된 인지적 이해로 인해 사고를 자주 일으키는 경향을 지니게 된다. 이에 비하여 좀 더 큰 유아는 환경에 대해 인지적 이해 능력이 발달하기 때문에 폭넓게 주변의 사람들과 상호 작용함으로써 행동의 결과를 예측한 후 행동하게 된다. 또한 연령차는 안전규칙을 가르치고 강화해 준 부모나 교사에 의해 잠재적으로 불안전한 상황에서 유아가 어떻게 행동하느냐(Freel, 1994)에 대한 개념을 형성할 기회를 제공하는 데 차이를 보인다. 예를 들면, 큰 아이는 어린아이보다 성인이 지시한 안전규칙에 도전하거나 무시할 확률이 더 높다는 것이다. 유아는 그들의 환경에서 경험을 통해 규칙을 배워 나가기 시작한다(Piaget, 1965). 안전규칙들은 유아가 그들의 환경에 대한 탐색, 자연스러운 결과, 사회적 결과를 통해 배우게 되는 최초의 규칙형태인 경우가 대부분이다. 영아는 움직이자마자 여러 사물이나 상황과 조우하게 되고, 안전규칙을 어겼을 때 부모가 부과하는 결과에 따라 배워 나가기 시작한다. 부모의 첫 번째 역할은 유아가 또래에게서 사회적 관습을 배우기 전에 안전에 대한 자녀의 개념을 확실히 해 주는 것이다.

유아는 그들의 부모가 안전규칙을 중요하게 다루는 것에 따라 사회화되어 간다. 예를 들면, 부모와 교사들은 상처를 입을 수 있는 상황이 아님에도 잠재적인 안전규칙 위반에 대해 과대한 경향으로 반응할 수 있는데(예, 자동차 근처로 뛰어가려 할 때), 성인의 이러한 과대반응은 안전규칙이 매우 중요하다는 것을 유아가 깨닫도록 한다. 그러므로 사회적 상호작용이 안전규칙의 발달을 강화시킨다고 볼 수 있다(Hoffman, 1994).

이제까지 살펴본 유아의 안전 개념을 종합적으로 요약해 보면 다음과 같다.

유아에게 잠재적으로 위험한 모든 장면에 안전하게 반응하도록 가르치는 것은 불가능하다. 그러나 유아는 왜 안전사고가 일어나고 어떻게 접근하는지를 앎으로써 사고유발 행동을 수정하고, 안전에 근거한 물리적 환경을 구성함으로써 안전사고 위험의 가능성을 줄이게 되므로 유아 안전이라는 것은 모든 환경에서 사고를 예방(prevention of accident)하기 위한 것이라 말할 수 있다. 즉, 유아 안전은 사고(injury)의 반대 개념으로서 유아가 사고의 위험과 신체적 손상을 최소화하기 위해 시도하는 항상 변화하고 있는 역동적인 상태며, 유아의 능동적인 행동 변화를 통하여 사고의 위험을 줄일 수 있는 것으로 개념화할 수 있다. 따라서 유아의 안전사고를 예방하기 위해서는 물리적으로 안전한 환경에서 출발하여 유아 스스로도 안전에 대한 명확한 인식을 가지고 안전지식, 태도, 기술을 발달시켜 나가는 것이 중요하다. 또한 유아교육기관에서는 더욱 체계적으로 유아의 안전교육을 실행해야 하며, 이를 위해서는 유아 안전교육을 필요할 때에만 비정기적으로 행할 것이 아니라 유아교육기관의 일상생활 속에서 다른 기본 생활습관과 마찬가지로 자연스럽게 다양한 활동을 통해 이루어지도록 해야 한다.

유아교육기관에서는 더욱 체계적인 유아 안전교육을 실시하기 위하여 유아 안전교육과정을 설정하여 활용해야 된다. 유아 안전교육과정이란 유아가 건강하고 안전한 생활을 통하여 건전한 성장과 발달을 하도록 유아교육기관이 안전한 교육적 상황을 마련하고 안전과 관련된 교수학습 경험을 체계적으로 구성한 설계도로, 이를 통하여 유아는 실생활 속에서의 안전경험을 유의미한 경험으로 연결한다.

4. 안전교육의 목표

안전교육이란 상해, 사망 또는 재산 피해를 일으키는 불의의 사고를 예방하는 것으로서 안전 행동에 기여하는 습관, 기능, 태도 및 지식의 발달에 긍정적으로 영향을 미치는 경험의 총체라고 할 수 있다. 안전교육은 생활 전반에 걸쳐 이루어지고 생애 전 과정을 통하여 계속되어야 한다. 많은 경우에 유아는 각종 매체, 부모, 기타 타인에 의해 부적절한 안전 기법과 태도를 접하게 됨으로써 안전 행동의 발달이 늦어지는 경우가 있다. 결국 안전교육이란 '교육이라는 수단을 통하여 일상생활에서 개인 및 집단의 안전에 필요한 지식, 기능, 태도 등을 이해시키고, 자신과 타인의 생명을 존중하며 안전하고 건강한 생활을 영위할 수 있는 습관을 육성하는 것이다(Florio, 1962).

대체로 아동기는 인간 행동의 가변성이 큰 시기다. 또한 철저한 안전의식은 단기적으로보다는 장기적으로 형성된다는 점에서 어린 시절부터 장기적으로 체계적인 안전교육을 실시할 필요가 있다. 특히 아동기는 부모의 보호에서 어느 정도 벗어나 생활하기 시작하는 단계로서 생활 주변의 여러 가지 위험의 도전을 받는 시기라고 할 수 있다. 이 시기부터 안전교육을 실시하여 위험에서 자신을 보호할 수 있게 하고 나아가 성인이 되어 철저한 안전의식을 갖고 자신과 다른 사람의 복지를 지킬 수 있게 하는 토대를 마련해야 한다.

안전교육의 목표는 일상생활에서의 안전을 위한 필요한 사항을 이해시키고 자신과 타인의 생명을 존중하며 안전한 생활을 영위할 수 있는 태도와 주의력 및 기술의 상호작용, 위험에 대처하는 능력을 기르는 데 있다. 첫째, 일상생활에 있어서 안전을 위한 필요 사항을 이해시키고 자진해서 규칙을 지키며, 안전하게 행동할 수 있는 태도와 능력을 기른다. 둘째, 일상생활 속에 도사리고 있는 위험을 예측하여 항상 안전을 확인하고, 올바른 판단 아래 안전하게 행동할 수 있는 태도와 능력을 기른다. 셋째, 자신이나 타인의 생명을 존중하고 학교나 가정 및 사회의 안전에 기여할 수 있는 태도나 기술의 상호작용과 위험에 대처하는 데 필요한 지식을 습득시키는 것이 중요하다. 그것을 바탕으로 하여 여러 가지 행동 장면에 도사리고 있는 위험을 감지함으로써 올바른 판단 아래 안전한 행동을 취한다는 것이 무엇보다도 중요하다. 예를 들면, '위험' 을 통제하는 방법을 구체적으로 습득시켜 몸에 익히도록 해야 한다.

제2장

보육시설의 안전관리

1. 안전관리의 중요성

아기가 태어나서 무럭무럭 자라 혼자서도 공간을 이동할 수 있을 때가 되면 주위의 어른들은 '에비' '아야 한다' '앗! 뜨거' '위험하다' 등의 말을 사용하는 경우가 많아진다.

이는 유아가 신체운동력이 미숙하여 자신의 신체를 마음대로 조절할 수 없으며, 상황을 판단하고, 사고 가능성을 미리 예측하여 예방할 수 있는 지적 사고능력이나 판단하는 능력이 부족하기 때문이다. 하지만 유아는 욕구나 호기심이 아주 많아 주위를 분주히 탐색하면서, 잠시도 조용히 앉아 있을 수 없는 매우 충동적이고 활동적인 특성을 갖고 있어 항상 사고의 위험을 안고 있다. 그러므로 성인이 유아를 돌볼 때 가장 관심을 두어야 하는 것이 유아의 안전이다.

우리나라의 경우 최근에 와서는 의학이 발달하고 생활수준이 향상되어 질병으로 사망하는 사람의 수가 현저하게 줄고 있다. 반면 우리의 생활을 편리하게 해 주는 문명의 이기를 포함한 생활 주변 곳곳에 산재해 있는 다양한 것이 상황에 따라 위험물이 될 수 있는 가능성이 높아 사고가 사망의 가장 중요한 요인이 되고 있다.

이처럼 사고의 위험 속에서 생활하고 있는 유아의 건강과 생명을 보호하기 위해서는 부모나 교사가 이들을 철저히 보호, 지도하고 그들의 안전을 관리해야 한다. 또한 유아가 부모와 교사의 보호에만 의존하는 것에서 차츰 벗어나 자신의 안전을 스스로 지킬 수 있는 능력을 기르도록 도와주어야 한다. 즉, 안전관리가 자율적으로 이루어지고 효과가 장기적으로 지속될 수 있도록 하여, 유아 스스로 사고를 방지할 수 있게 하여야 한다.

안전관리의 목적은 사람이나 사물에 잠재하는 위험요인을 조기에 발견하고, 그것을 신속히 제거하여 사고를 미연에 방지하는 데 있다.

유아의 사고는 어른과 유아의 부주의가 함께 작용하는 가운데 일어난다고 할 수 있으며, 이의 대부분은 불가항력적인 것이라기보다는 평소에 세심한 주의와 안전지도로 예방할 수 있는 것이 더 많다.

안전관리의 영역은 그들 주변의 인적, 물적 환경이라 할 수 있다. 유아에게서 일어날 수 있는 사고로는 놀이사고, 교통사고, 익사사고, 화재사고, 추락사고, 약물사고, 폭발물사고 등을 비롯하여 집이나 길을 잃거나 유괴, 성폭력을 당하는 등의 사고를 생각할 수 있다. 이러한 각종 사고는 언제, 어디서나 일어날 수 있으므로 유아의 보호와 교육을 맡은 성인은 그들의 안전사고 예방에 최대한의 노력을 기울여야만 한다. 그러나 지나친 안전관리는 유아의 모험심을 억압하고 성장을 저해할 수도 있음을 염두에 두어야 한다.

미국의 학교 안전 정책에 따르면 사고예방을 위한 네 가지 기본원리로 첫째, 위험이나 사고의 요소를 인식하고, 둘째, 가능한 한 빨리 그 위험요소를 제거하고, 셋째, 만약 그 위험요소를 제거할 수 없으면 항상 그것에 대해 주의 · 경계하고, 넷째, 새로운 위험요소를 첨가하지 않아야 한다는 것을 말하고 있다

보육시설은 영 · 유아가 가정을 떠나 최초로 접하게 되는 사회적 환경이며, 보육의 기능을 기본적으로 수행하도록 입안된 만큼 영 · 유아가 많은 시간을 보육시설에서 보내게 된다. 이러한 보육시설에서 이루어지는 보살핌과 교육활동은

영 · 유아의 건강과 안전 보장을 기본으로 한다. 따라서 안전 보육환경의 구성은 영 · 유아가 정해진 규칙 내에서 긴장하지 않고 자유롭게 매일 매일 즐거운 경험을 할 수 있도록 하는 필수적 요건이다.

보육시설에서 유아의 건강과 안전에 대한 기본적 욕구를 충족시키는 것은 유아의 권리이자 사회적 책임이다. 또한 이러한 책임을 수행하는 능력 수준은 안전에 대한 사회적 관심과 지식, 태도와 참여에 달려 있다. 무엇보다 안전사고는 생명을 담보로 하기 때문에 사후대책보다는 '예방' 이 최우선책이 되어야 하며, 그것은 보육시설의 환경을 안전하게 구성하는 것에서 시작된다.

보육시설 내의 안전사고는 우발적인 것이 아닌 환경과 상호 작용하는 역동적인 개념이다. 그러므로 보육시설의 실내 · 외 제반 시설과 설비 및 놀잇감을 미리 점검하여 사고 원인을 제거하고, 이를 지속적으로 점검하는 등 안전한 보육 환경에 대한 대책을 마련하는 것은 잠재적 안전사고의 위험을 사전에 방지할 수 있는 가장 적극적인 방법이 될 것이다.

시설 · 설비의 안전점검 및 안전관리에는 보육시설 내의 시설과 설비의 상태 및 현황을 파악, 시설 및 설비와 관련된 안전 점검 사항을 숙지, 안전 점검표를 통해 안전점검을 생활화함으로써 위험요소를 사전에 제거, 종사자와 유아들이 안전한 보육환경 속에서 즐거운 경험을 지속할 수 있도록 하는 데 그 목적이 있다. 사고는 예방이 최선이며, 그것은 철저한 안전점검을 통해 달성될 수 있다는 것을 항상 명심하고, 그것을 일상생활에서 꾸준히 실천할 때만이 그 가치가 유효하다는 사실을 숙지해야 한다.

2. 보육시설 및 설비의 안전관리

보육시설은 영유아들이 가정을 떠나 최초로 접하게 되는 사회적 환경이며, 보육의 기능을 기본적으로 수행하도록 입안된 만큼 영유아들은 많은 시간을 보육시설에서 보내게 된다. 이러한 보육시설에서 이루어지는 보살핌과 교육활동은 영유아의 건강과 안전 보장을 기본으로 한다. 따라서 안전 보육환경 구성은 영유아들이 정해진 규칙 내에서 긴장하지 않고 자유롭게 매일 매일 즐거운 경험을 할 수 있는 필수적 요건이다.

보육시설에서 유아의 건강과 안전에 대한 기본적 욕구를 충족시키는 것은 유아의 권리이자 사회적 책임이다. 또한 이러한 책임을 수행하는 능력 수준은 안전에 대한 사회적 관심과 지식, 태도와 참여에 달려 있다. 무엇보다 안전사고는 생명을 담보로 하기 때문에 사후대책보다는 '예방' 이 최우선책이 되어야 하며, 그것은 보육시설의 환경을 안전하게 구성하는 것에서 시작된다.

보육시설 내의 안전사고는 우발적인 것이 아닌 환경과 상호작용하는 역동적인 개념이다. 그러므로 보육시설의 실내 · 외 제반 시설과 설비 및 놀잇감을 미리 점검하여 사고 원인을 제거하고, 이를 지속적으로 점검하는 등 안전한 보육 환경에 대한 대책을 마련하는 것은 잠재적 안전사고의 위험을 사전에 방지할 수 있는 가장 적극적인 방법이 될 것이다.

1) 실내환경

(1) 보육실

점검영역	안전문제
위치 및 활동 공간	넘어짐, 충돌, 상해 등
보육실 바닥 및 벽	넘어짐, 미끄러짐, 낙상, 유해물질 중독 등
출입문	넘어짐, 충돌, 협착, 감금, 상해(끼임) 등
창문	상해, 추락, 곤충유입, 교살, 도난사고 등
비품 및 보육용품	감금, 낙상, 베임, 찔림, 질식, 상해, 교살 등
실내 놀이기구 및 놀잇감	찔림, 베임, 낙상, 눈손상, 질식, 유해물질중독 등

위치 및 활동 공간	
위 치	• 보육실은 1층에 위치하는 것을 원칙으로 한다. 불가피한 사유로 2층 이상에 설치할 경우에는 계단 안전장치, 추락방지문 등 안전사고에 대비한 시설을 필히 갖추어야 한다.
공 간	• 영아와 유아는 발달 특성상 활동 공간이 구분되어 있는 것이 좋다. 특히 영아보육실은 현관과 가까운 장소가 좋으며, 너무 구석지거나 폐쇄된 긴 복도 끝은 피한다. 이것은 보육실의 채광 문제와도 연결된다. • 보육실의 공간은 영유아의 활동에 충분한 면적이어야 하며, 영아보육실은 1인당 2.64㎡ 이상, 유아보육실은 1인당 1.98㎡ 이상이어야 한다. • 실내공간은 각 활동실이 보일 수 있도록 개방적인 구조가 바람직하다. (예: 투명창, 투명유리문) • 영유아 스스로 실내 공간을 이동하기에 어려움이 없어야 한다. (예: 손잡이가 영유아의 키에 알맞음, 바닥이 미끄럽지 않음)

보육실 바닥 및 벽	
바 닥	• 보육실은 표면이 미끄럽지 않은 바닥재료를 깔아 두고, 미끄러질 우려가 있는 곳에는 고무 매트나 미끄럼 방지용 스티커를 부착시키고, 깔개를 깔아 둔다. 특히 영아들은 미끄럼 방지용 양말 착용을 권장한다. • 실내 바닥이 나무일 경우, 갈라진 부분이나 튀어나온 가시는 없는지 점검하고 보수한다. 이 경우 유아들은 실내화를 신는 것이 안전하다. • 바닥에 카펫을 깔아 놓았을 경우, 매일 진공청소기 등으로 먼지를 제거하도록 한다. • 발에 걸려 유아가 넘어질 수 있는 물건, 발을 다칠 수 있는 유리조각이나 바늘, 철사, 날카로운 파편이 떨어져 있는지 수시로 점검하고, 발견 즉시 제거한다. • 바닥의 깔개 밑으로 전선이 지나가지 않도록 조처한다. 사용하는 전기제품을 콘센트 가까이 옮기는 것이 해결책이 될 수 있다. 부득이한 경우는 전선을 벽모서리로 단단히 부착시켜 유아들의 눈에 띄지 않게 하고, 전선 안전 덮개를 반드시 설치한다.
벽	• 벽 혹은 천장의 페인트가 벗겨진 곳, 석고가 갈라져서 떨어질 위험이 있는지 확인한다. 혹시 건물이 1970년대 이전에 지어졌다면, 납이 든 페인트로 칠해졌을 가능성이 많다. 검사를 의뢰해 사실을 확인하고 반드시 무독성으로 페인트 칠을 다시 해야 한다. • 벽에 금이 간 곳은 없는지 규칙적으로 확인하며, 가로로 금이 간 경우는 안전진단을 의뢰해야 한다. • 시설의 벽, 천장의 마감은 불연재료로 설치해야 한다. • 벽에 무거운 물건을 걸지 않는다. 특히 영유아의 손이 닿는 곳에는 어떠한 물건도 걸지 않아야 한다.

비품 및 보육용품	
공통 점검 사항	• 보육시설에 제공되는 모든 설비 및 교구는 안전하고 견고한 것이어야 하며, 망가진 가구나 비품, 보육용품은 즉시 제거 또는 수선할 때까지 치워 두어야 한다. 그리고 이것을 수선일지에 기록해 둔다.
비 품	• 보육시설에 제공되는 모든 설비 및 교구는 안전하고 견고한 것이어야 하며, 망가진 가구나 비품, 보육용품은 즉시 제거 또는 수선할 때까지 치워 두어야 한다. 그리고 이것을 수선일지에 기록해 둔다. • 보육시설 내에 설치된 모든 카펫이나 커튼은 방염처리된 것이어야 한다. • 가구 배치에서는 질식할 수 있거나 깨질 수 있는 물건, 날카로운 물건이 놓여 있는 선반 근처나 커튼 옆은 피하도록 한다. • 보육실 내 모든 가구의 이음새, 가시, 썩은 부분, 튀어나온 금속(못) 등을 수시로 점검하고, 항상 가구의 문을 닫아 유아가 갇히는 일이 없도록 한다. • 영아보육실의 가구는 바퀴가 달린 것보다는 고정된 것이 좋으며, 이때 바닥과 벽에 단단히 고정시킨다. 또 기어다니는 영아가 가구 모서리에 부딪치지 않도록 솜이나 가제, 테이프 등으로 처리하거나 또는 모서리 보호대를 장치하는 것이 필요하다. • TV나 VTR, 전열기를 포함 모든 가전제품은 영아의 손이 닿지 않게 투명시트를 이용해 조작버튼을 가려두고, 특히 VTR의 경우는 안전덮개를 설치해서 손끼임을 방지한다. • 쓰레기통은 항상 뚜껑을 덮어 두고, 난방기나 기타 열을 내는 기구에서 떨어져 배치한다. 위생상 자주 쓰레기통을 비우도록 한다.
보육 용품	• 각 보육실의 개인사물함은 위생적으로 관리한다. 개인용 기저귀와 수건 등 각 가정에서 가져온 용품에는 이름을 붙여 두고, 해당 유아에게만 사용하도록 주의한다. • 책상, 의자 등 모든 보육용품은 영유아의 신체 크기에 적합한 것이어야 하며, 모서리가 둥글고 표면이 매끈해야 한다.
침 구	• 영아와 유아용 침구는 반드시 구분해야 하며, 영아용의 경우 질식방지를 위해 두껍지 않아야 한다. • 영유아들의 이불은 땀이나 소변 등으로 인하여 축축해지기 쉬우므로 자주 일광 소독을 해 주어야 하며, 세탁 시에는 반드시 삶는다.
침 대	• 영아와 걸음마기 유아는 '유아용 침대' 에서 재우는 것이 바람직하다. –침대는 이동이 가능하도록 바퀴가 달린 것이 좋으며, 난간 한쪽 면의 높이를 조절할 수 있는 것이 편리하다. –침대의 매트리스는 딱딱해야 하며, 비닐로 된 방수 매트리스 커버는 절대 금지한다. 질식의 위험이 크다. –매트리스와 침대의 크기는 거의 비슷해야 한다. 매트리스와 침대 사이의 폭이 손가락 2개 이상 들어갈 정도여서는 안 되며, 틈이 너무 넓을 경우는 그 사이에 타월 등을 말아서 채워야 한다. –침대 세로대는 충분히 높아서 유아의 오르내림을 방지해야 한다. 또 교사는 침대를 사용하는 유아의 성장을 항상 체크해야 하며, 침대 매트리스면에 섰을 때 세로대 높이가 키의 3/4보다 낮다면 더 큰 유아용 침대사용을 권장한다. 또 침대세로대 간격은 6㎝ 이하로, 유아의 머리가 그 사이에 빠지지 않도록 점검한다. 간격이 6㎝보다 넓을 경우에는 침대 완충 패드를 사용하여 끼임을 방지한다. –침대의 장식 세공에 머리를 부딪칠 수 있으므로, 가능하면 장식이 없는 것이 좋다.

침 대	–침대난간이나 기둥에 끈이나 줄(넥타이 포함), 리본, 전기코드 등을 걸어 두는 것을 삼가고, 걸이용 장난감 등을 배치하지 않는다. 목이 졸릴 수 있다. –유아들이 기어오르거나 침대 밖으로 빠져나갈 수 있는 큰 장난감들이 있는지 수시로 확인하고, 옆면 잠금 장치를 해 놓아야 한다. 이때 잠금 장치는 밖에서 교사가 쉽게 풀 수 있는 것이어야 한다. –침대제조에 사용된 볼트, 너트, 못 등의 상태를 수시로 점검한다.
보행기	• 많은 나라에서 보행기 사용을 되도록 금하고 있다. 그러나 사용할 경우 다음의 안전 사항을 점검해야 하며, 반드시 성인의 감독하에 사용한다. –밑면이 넓고 재질이 단단한 플라스틱인지 확인하고, 접힘 부분의 크고 억센 걸쇠, 튼튼한 직물로 된 엉덩이 받침대, 바느질이 잘되어 있는지 점검한다. –보행기의 등판은 견고하고 수직을 유지해서 유아의 머리를 지지할 수 있어야 하며, 안전벨트가 견고하고 단단히 부착되었는지 확인한다. –유아가 뛰거나 달리거나 다른 곳으로 몸을 뻗쳤을 때 넘어지는 보행기는 위험하다. 이를 방지하기 위해서 보행기의 자축거리가 보행기의 틀보다 더 길고 큰지 살펴보아야 한다. –보행기의 이음새나 스프링 위에는 보호용 덮개가 설치되어 있어야 한다. –보행기가 넘어졌을 때, 보행기를 지지하고 있는 X자 형의 틀에 손가락이 끼이면 절단될 수 있으므로 특별히 유의한다. –보행기를 사용하는 공간에는 부딪쳐서 떨어질 위험이 있는 물건을 두지 않으며, 바닥에 있는 모든 장애물을 치운다.

실내 놀이기구 및 놀잇감	
타는 장난감	• 놀이기구들은 이동 및 사용공간을 고려하여 부딪치지 않도록 충분한 거리를 두고 배치한다. • 모든 놀이기구는 장난감 안전기준에 합격한 'Q' 자 마크가 새겨진 것을 구입한다. • 놀이기구의 재료는 내구성이 강한지, 부속품의 조립 상태는 견고한지를 확인한 뒤 구입한다. • 모든 놀이기구와 장난감에는 뾰쪽한 모서리, 작은 부품, 흠, 틈새, 페인트 부스러기, 가시, 부서지거나 깨진 조각, 헐거워진 나사나 볼트 부분이 없어야 한다. 이때 놀이기구의 틈새나 불필요한 구멍은 반드시 막아 유아의 손끼임을 방지한다. 또 놀잇감의 장식은 유아가 당겨서 떼어지지 않을 만큼 강하게 부착되어 있어야 한다. • 놀이기구나 놀잇감의 표면은 무독성 페인트를 사용한 것이어야 하며, 납성분이 있는 것은 금지한다. 심각한 뇌손상을 초래할 수 있기 때문이다. 또 입에 넣는 모든 장난감은 감염의 원인이 될 수 있으므로 활동 이후 비눗물로 깨끗이 씻어 보관해야 한다. • 그네는 유아의 신장 및 체중을 고려하여 선택해야 한다. 1~2세 영아의 경우 낮고 작은 의자가 부착된 그네가 바람직하며, 진폭이 적은 것이 좋다. 창틀에 매다는 그네는 낙상사고 예방을 위하여 등받이가 높아야 하며, 안전벨트나 지지대 등을 필히 갖춘 것이어야 한다. • 스프링을 이용한 흔들말은 고정된 손잡이 형태가 안전하며, 1~2세 영아의 무릎 높이를 고려하여 안장에 앉았을 때 발이 땅에 닿는 것이 좋다. • 움직이는 장난감을 타는 영역의 바닥에는 고무판을 깔아 두어야 하며, 항상 교사가 지켜보아야 한다.

위험한 장난감	• 다음에 제시되는 놀잇감은 특별히 위험한 것이므로 유아에게 제공하지 않도록 한다. –질식을 유발할 정도로 유아에게 지나치게 크고 무거운 놀잇감 –청각장애를 유발할 정도로 소리가 지나치게 큰 놀잇감 –가연성 소재의 헝겊 놀잇감과 화학섬유 놀잇감 –다른 유아들에게 치명상을 입힐 수 있거나 화상 및 화재의 위험이 있는 공기총, 뇌관이 달린 권총, 발사되거나 던지는 장난감(화살), 다트, 폭발물이 부착되어 있는 장난감이나 불꽃놀이 기구 등 –실제로 벨 수 있는 모서리나 뾰족한 끝이 있는 칼, 단검, 도끼 등의 비발사 모형무기 –타고 올라가서 낙상할 수 있는 큰 장난감 –손가락이나 옷이 끼일 위험이 있는 자동차나 기계 놀잇감류 –8세 이하의 모든 유아들에게는 전기로 작동되는 놀잇감 금지
질식 방지	• 유아의 질식과 관련하여 다음과 같은 사항을 항시 점검한다. –모든 작은 물건은 유아들의 손이 닿지 않는 곳에 두어야 한다. 이와 관련하여 교사들은 딸랑이 등을 위한 '질식예방 검사 그림' 을 이용하여 유아들이 가지고 놀 수 있는 모든 놀잇감을 사전에 확인해 보아야 한다. 대개 장난감의 지름은 7㎝ 이상이 안전하다. –질식을 유발할 수 있는 위험한 물품 –고무풍선, 비닐봉투 –열쇠, 동전, 클립, 구슬 등 –영아들이 사용하는 딸랑이, 고무젖꼭지 등 –레고 조각을 포함하여 작은 교구 및 장난감 –카메라나 계산기 등에 들어 있는 둥근 건전지 –놀잇감이 느슨한지 부서진 부분은 없는지 항상 확인하고, 부서진 장난감은 수선하거나 없애야 한다.
영아 놀이방	• 영아나 걸음마기 유아를 위해 놀이방(안전그물)을 사용한다면, 다음과 같은 사항을 점검해야 한다. –그물망의 구멍이 0.6㎝ 이하인지 확인한다. 유아들은 단추나 옷 때문에 그 구멍에 끼일 수 있다. 그물망의 세로대 간격은 유아의 머리가 끼이지 않게 6㎝ 이하여야 안전하다. –안전그물은 유아의 신체 크기를 고려한 것이어야 한다. 신체에 비해 너무 작으면 유아가 옆으로 갈 수 없고, 뒤집어질 위험이 있다. –안전그물 바닥은 유아들이 뛰어도 될 만큼 튼튼해야 하며, 이가 나는 영아들이 씹거나 물어뜯을 수 없는 고무 패드를 깔아야 한다. –안전그물의 모서리나 잠금장치 등에 손가락이 끼이지 않도록 처리가 잘된 것을 선택한다. –안전그물 안에는 유아가 딛고 올라설 수 있는 큰 놀잇감을 주지 않는다. –비나 햇볕에 의해 녹슬거나 손상될 수 있으므로 사용 후에는 반드시 실내에 보관한다.
보관 상자	• 놀잇감을 담아 두는 장난감 상자가 있다면, 뚜껑은 무겁지 않고, 공기구멍이 나 있어야 하며, 천천히 닫히도록 하는 안전장치가 되어 있어야 한다. 만약 걸쇠가 있다면 없애고, 공기구멍이 없다면 드릴로 구멍을 몇 개 뚫어 준다. 선반이나 벽에 고정되어 있는 상자의 경우, 떨어져 유아들이 다칠 위험은 없는지 확인한다.

(2) 건물의 현관 및 문

현관은 유아가 등 · 하원 하는 장소로 많은 사람이 드나드는 곳이므로 충분한 공간이 확보되어야 한다.

- 부모와 유아가 만나고 헤어지는 데 일정한 인원이 신을 신고 벗을 수 있는 충분한 공간이 있어야 하며, 교사는 이 공간의 크기에 적절한 인원만큼 귀가함으로써 사고를 방지하여야 한다.
- 현관의 문은 성인, 유아 모두가 모두 손쉽게 사용할 수 있도록 너무 무겁지 않아야 하며, 바닥은 미끄럼 방지 매트를 깔아야 한다.
- 한쪽 방향으로 여닫는 문이 안전하며, 가급적 실외를 향해 열리는 것이 현관의 공간 활용에 도움이 된다.
- 현관문은 2/3 이상이 투명이거나 또는 투시가 가능하도록 제작되는 것이 좋다. 유아의 평균 어깨 높이 이하에는 두꺼운 안전유리를 설치해야 한다.
- 문지방이 없어야 하고, 바닥면은 미끄러지지 않도록 매트를 깔아야 한다.

(3) 화장실

- 변기는 유아 5~7명당 하나가 필요하며 유아 8~15명까지는 적어도 2개 이상 준비되어 있어야 한다.
- 화장실 문의 손잡이는 유아가 사용하기 적절한 높이에 설치하며 문에 손이 끼이는 것을 방지하도록 해야 한다. 용변을 볼 때 교사가 쉽게 감독할 수 있을 정도의 문이어야 한다.
- 화장실 바닥은 미끄럼 방지 매트를 깔아야 하며 물기가 생길 경우 즉시 제거하고 화장실에서 유아들끼리 장난치지 않도록 한다.
- 화장실 문을 유아가 혼자 잘 열고 닫을 수 있도록 하며 문고리는 없애 유아가 화장실에서 갇히는 일이 없도록 한다.
- 유아의 팔이 닿을 수 있는 범위 안에서 온수와 냉수가 섞여 나오는 수도꼭지

가 있어 화상을 입는 일이 없도록 한다.

(4) 교무실, 양호실

- 응급처치를 할 수 있는 구급약품이나 용품 등을 넣어 둘 수 있는 정리장이 있어야 한다.
- 구급약품 보관함은 사용에는 용이하나 유아의 손이 쉽게 닿지 않는 곳에 두어야 한다.

(5) 주 방

- 전자제품의 전선 처리 등을 안전하게 하고 칼 등의 위험한 도구들은 유아의 손에 닿지 않는 곳에 보관하도록 한다.
- 가스 설치 시 중간 밸브와 가스 누설 자동 차단 장치를 반드시 설치하여야 한다.
- 비상용 소화기를 설치한다.
- 락스, 중성 세제 등 부엌용품은 유아의 손이 닿지 않는 곳에 보관한다.
- 그릇은 항상 깨끗이 씻어 보관하며 깨지기 쉬운 그릇은 별도로 보관한다.

(6)특별관리

보육실, 현관, 통로 및 계단, 화장실 및 세면실, 조리실 및 식당의 안전 문제를 점검하는 것과 별도로 실내에서 특별히 관리해야 하는 시설 및 설비가 있다. 여기에는 전기시설 및 설비, 가스시설 및 설비, 냉 · 난방 시설 및 설비, 재해대비 시설 및 설비, 그리고 위험물질이 포함된다.

① 전기시설 및 설비

보육시설의 전기시설 및 설비는 매우 유용하지만, 점검을 소홀히 하면 대단히 위험할 수 있다. 자율점검뿐 아니라 필요한 경우 한국전력공사와 한국전기안전공사의 도움을 받을 수 있다.

1 안전문제

전기시설 및 설비로 인해 야기될 수 있는 안전사고는 전기쇼크, 감전, 누전, 화상, 화재 등이다.

2 안전 점검 사항

구 입	• 모든 전기기구 및 가전제품을 구입할 때는 다음의 사항을 반드시 확인한다. – 'KS' 나 '전' 자 표시 –기구명칭, 성능, 용량, 형식승인번호, 제조자명 –전열기구의 경우는 열의 발생상태 –사용설명서 및 취급요령 • 모든 전원은 유아의 손이 닿지 않는 140㎝ 이상의 높은 곳에 설치되어야 한다. 만약 유아의 손에 닿을 만한 위치에 있는 경우, 반드시 안전덮개를 씌워 둔다. • 보육시설 내에는 반드시 누전차단기가 설치되어야 하며, 월 1회 이상 누전차단기의 정상작동 여부를 확인한다.
전 선	• 소비전력 2kw 이상의 전력소모가 큰 제품은 전용콘센트를 설치하여 사용한다. 또 전열기에는 반드시 사용기기의 허용전류 이상 규격전선을 사용한다. • 각종 전기공사 및 전기시설 설치 시 적절한 접지선 공사를 실시한다. • 못이나 스테이플러로 배선을 고정하거나, 전선을 노출하여 연결하지 않는다. • 정기적으로 시설에 설치된 모든 전선을 살펴보고 끊어진 것, 낡거나 닳은 것, 피복이 벗겨진 것은 새로 교체하여 누전 및 합선에 의한 화재를 방지한다. • 전기제품은 콘센트 가까이에서 사용하여 전선을 길게 늘어뜨리지 않도록 한다. 전선이 바닥 깔개나 문틈으로 지나가는 것은 위험하다. 부득이한 경우에는 바닥에 단단히 고정시키고, 반드시 전선 안전덮개를 설치해야 한다. • 연장 코드(멀티탭)는 카페트나 진공청소기 등을 사용할 때 임시로만 이용하도록 하며, 과부하방지 등 안전장치가 되어 있는 것을 구입한다.
콘센트	• 콘센트나 스위치 등의 접점이 느슨하거나 이완되지 않도록 조여 저항으로 인한 과열을 방지한다. • 사용하지 않는 전기콘센트는 플러그를 뽑고 모두 안전덮개를 씌워야 하며, 유아가 젓가락이나 쇠막대를 꽂아 감전되는 일이 없도록 조처해야 한다.
플러그	• 한 콘센트에 너무 많은 플러그를 꼽는 것은 화재의 위험이 있다. • 유아가 플러그를 삼켜서 질식할 수 있으므로 항상 유의한다. • TV나 오디오처럼 항상 플러그가 꽂혀 있는 콘센트는 유아가 플러그를 잡아당기지 못하도록 박스타입의 콘센트덮개를 장치하는 것이 유용하다.
퓨 즈	• 두꺼비집(개폐기) 퓨즈는 반드시 정격퓨즈를 사용한다. • 퓨즈가 자주 끊어지는 상태는 과도한 전력을 쓰고 있다는 신호이므로, 즉시 사용량을 줄이고 이상유무를 확인한다.

② 가스시설 및 설비

보육시설의 가스시설 및 설비는 조리 및 난방, 온수사용을 위해 유용하지만 자율적인 점검 및 정기점검을 소홀히 하면 폭발의 위험이 매우 높다. 자율점검과 정기점검이 반드시 필요하며, 필요할 경우 한국가스공사와 한국가스안전공사의 협조를 받을 수 있다.

1 안전문제

가스시설 및 설비로 인해 야기될 수 있는 안전사고는 폭발, 화재, 화상, 중독, 질식 등을 들 수 있다.

2 안전 점검 사항

설 치	• 가스 시설 및 설비는 도시가스회사나 판매업소의 기술자에게 의뢰해야 하며, 용기밸브 및 조정기를 임의로 만지거나 분해하지 않는다. • LP 가스용기는 왕래가 적고 유아의 눈에 띄지 않는 옥외 통풍이 잘되는 곳에 설치해야 한다. 또 가스가 충전된 용기는 항상 40℃ 이하로 유지해야 하며, 직사광선을 막아 주는 지붕이나 보관함을 설치해야 한다.
계량기	• 계량기가 똑바로 설치되었는지 육안으로 확인한다. • 계량기 전 · 후단의 중간밸브를 검지액 또는 비눗물을 도포하여 매월 1회 이상 점검한다. • 주위에 화기가 없는지 항상 확인한다.
배 관	• 배관이 휘어지거나 부식된 곳이 없어야 한다.
호 스	• 호스가 갈라졌거나 열기로 인해 타거나 그을린 곳이 없는지 검사한다. 호스에 금이 가거나 노후된 부분이 있으면 즉시 교체해야 한다. • 배관과 호스의 연결 부위를 검지액 또는 비눗물로 도포하여 매월 1회 이상 점검해야 한다.
중간 밸브 사용	• 중간밸브의 고정상태를 항상 확인한다. • 개 · 폐 조작하여 작동이 잘되는지 점검해야 한다. • 가스를 사용하기 전에는 반드시 환기를 시켜야 하며, 가스가 누출되었는지 냄새를 맡아 보고 안전한 상태에서 점화시켜야 한다. • 가연성 물질을 불 가까이에 두지 않고, 연소기는 가끔 솔로 닦아 가스 구멍이 막히지 않도록 한다. 가스를 사용할 때는 음식물이 넘쳐 흐르지 않도록 하고 파란 불꽃이 되도록 연소 상태를 조절한다. • 주물형버너의 점화 시에는 먼저 성냥을 켜서 가스가 나오는 구멍 가까이에 대고 콕크를 서서히 열어 점화시킨다. • 점화 시나 조리 시에는 반드시 불이 붙고 있는지를 확인해야 하며, 불이 꺼진 후에도 콕크가 열려 있으면 가스가 누출된다.

경보기 및 차단기	• 가스 사용기구 부근에는 가스누출 경보기를 설치해야 하며, 가스배관에는 가스누출 자동차단기를 설치하는 것이 바람직하다. • 가스누출 경보기를 설치하는 장소는 종류에 따라 구분되어야 한다. –LP가스 및 공기보다 무거운 도시가스: 바닥 가까이에 설치한다. –공기보다 가벼운 도시가스: 천정 부근에 설치한다.

③ 냉 · 난방 시설 및 설비

보육시설에서는 계절에 따라 냉 · 난방 시설 및 설비를 사용한다. 이러한 시설 및 설비는 영유아의 위생과 건강을 위해 필수적이지만, 적절한 점검을 하지 않을 경우 오히려 역효과를 초래할 수도 있다. 또 이로 인해 여러 가지 안전사고가 유발될 수 있으므로 주의한다.

1 안전문제

냉 · 난방 시설 및 설비로 인해 야기될 수 있는 안전사고는 화상, 중독, 질식, 세균 및 바이러스 감염, 호흡기 질병, 유독연기, 화재 등을 들 수 있다.

2 안전 점검 사항

온 도	• 보육시설의 실내 온도는 20~22℃가 적당하며, 외부 날씨가 10℃ 이하이면 난방설비가, 25℃ 이상이면 냉방설비가 필요하다. 그러나 냉방 시 실내외의 온도차가 5℃ 이상이면 건강에 좋지 않으므로 필히 온도계를 비치하여 확인한다.
습 도	• 실내 습도는 50~60%가 가장 적당하다. 실내습도가 50% 이하이면 가습기를 설치하거나 젖은 수건을 비치하여 습도를 조절한다.
환 기	• 실내 환기가 잘 되지 않으면 산소의 감소와 이산화탄소의 증가로 인해 호흡기 질환이 유발될 수 있다. 냉 · 난방 설비로 인하여 문과 창문을 닫고 있는 경우는 매 시간마다 환기에 유의해야 한다.
난 방	• 난방시설이 스팀(라디에이터)일 경우, 반드시 안전덮개를 설치하여 유아가 만져서 화상을 입거나 부딪쳐 다치는 일이 없도록 한다. 또 이와 연결된 온수파이프에는 절연 테이프를 감아놓아야 한다. • 바닥난방은 전기장판이나 연탄보다 온돌을 권장하며, 영아보육실에는 석유나 전기, 가스난로를 두지 않는 것이 바람직하다. 부득이 보육실내에 이동난방기구를 설치할 경우 넘어지지 않도록 바닥에 단단히 고정해야 하며, 영아의 접근을 방지할 수 있는 안전망을 반드시 설치해야 한다. • 석유난로는 심지를 오르내리는 화염조절장치를 수시로 확인해야 하며, 이상이 발견되었을 경우에는 수리한 후에 사용하도록 한다.

난 방	• 열기구 부근에는 가연물 비치를 금해야 하며, 안전거리를 유지하되 인화물질을 취급해서는 안 된다. 또 열기구나 난로 주위에 반드시 소화기나 모래를 비치한다. • 점화에 사용되는 성냥과 라이타 등은 유아의 손이 닿지 않는 장소에 보관하고 항상 점검해야 한다. • 급유와 가스를 사용하는 난방시설 및 설비를 사용할 경우 다음과 같은 사항을 반드시 점검한다. – 인화성가스 및 유류 등과 전기설비는 최소한 30㎝를 유지해야 한다. – 석유난로 등은 불씨를 완전히 끈 후 급유해야 하며, 흘러내린 기름은 완전히 제거해야 한다. – 사용 도중 다른 장소로 옮기는 것을 금한다. 화재의 원인이 된다.
냉 방	• 여름철에 보육실의 냉방시설은 안전을 위해 선풍기보다는 에어콘 설치를 권장하며, 이때 냉풍이 영유아의 몸에 직접 닿지 않도록 한다. • 선풍기를 설치할 경우는 바닥형보다는 벽걸이형이 좋으며, 모든 선풍기에는 반드시 안전망을 설치한다.
위 생	• 온풍기와 에어컨의 필터는 2주에 한 번씩 먼지를 털고 청소해야 하며, 사용하지 않을 때는 덮개를 씌워 보관한다.

(7) 재해대비 시설 및 설비

재해대비 시설 및 설비는 상시 이용되지는 않지만, 일단 사고가 발생하게 되면 보육시설 내 인명피해 및 상해를 최소화시킬 수 있는 대책이므로 매우 중요하다. 따라서 안전점검을 소홀히 해서는 안 된다.

자동 화재 탐지기 및 경보 설비	• 연면적 600㎡ 이상에는 층마다 자동화재 탐지설비 1개 회로를 설치하되, 500㎡마다 1개 회로를 증설한다. • 지하층 및 3층 이상으로서 바닥면적 300㎡ 이상의 전층에는 자동화재 탐지설비를 설치한다. • 화재탐지기는 천장에 설치하는 것이 바람직하며, 바람이 부는 창문, 문, 온풍기, 에어컨 옆에 설치하는 것을 금한다. • 화재탐지기는 검사용 버튼이 부착되어 있어야 하며, 수시로 점검한다.
소화 설비 및 소화 용수	• 소화기구는 바닥 면적 200㎡마다 소화기를 1개 이상 설치한다. • 연면적 2,100㎡ 이상에는 층마다 옥내 소화전을 1개 이상 설치한다. • 지하층 및 4층 이하의 층으로서 바닥 면적 450㎡ 이상은 층마다 옥내 소화전을 1개 이상 설치한다. • 위험물(석유, 경유)을 500*l* 이상 저장 취급 시에는 소방서장의 허가를 받고 소방기구 1개 이상을 설치해야 한다.

구분	내용
소화설비 및 소화용수	• 소화를 위해 상수도 소화용수설비 및 소화수조 등을 갖추어야 하며, 관리책임자는 최소한 월 1회 이상 정상작동 여부를 확인해야 한다. • 소화기가 충전되어 있는지 점검해야 한다. 화살표가 압력수치의 초록색 쪽에 있어야 하며, 그렇지 않을 때는 재충전해야 한다. • 보육인원 30명 이상 시설은 방화관리자 및 소방계획 직원을 선임해야 하며, 이들은 주기적으로 소방시설을 점검하고 매월 소방훈련을 실시해야 한다.
피난시설	• 비상구는 반드시 2군데 이상 확보되어 있어야 한다. 1층의 경우, 성인이 나갈 정도의 크기라면 창문을 비상구로 이용할 수도 있다. • 모든 비상구 상단에는 소형 피난구 유도등을 설치해야 하며, 각 피난로에는 비상구로 향하는 유도표지를 부착해 놓아야 한다.
피난시설	• 비상구 중 하나가 옥외계단이라면 계단의 위와 아래에 안전문을 설치해 둔다. • 보육인원 30명 이상으로서 2층 이상 층에서는 구조대 또는 피난 사다리, 미끄럼대를 설치해 놓아야 한다. • 비상구에는 쉽게 열리는 걸쇠를 걸어둔다. • 비상구 주위에는 비품이나 물품 등의 장애물 배치를 절대 금한다.
기타 재해 대비 시설 및 설비	• 보육시설 내에는 비상시 모두에게 알릴 수 있는 비상벨이 설치되어야 한다. • 호우, 태풍, 지진 등과 관련하여 휴대용 비상방송설비를 갖추어야 한다. • 건물에는 낙뢰방지 피뢰침이 설치되어 있어야 한다. • 재난에 대비해 비축물자함에는 다음의 내용물 배치를 권장한다. –보육 영유아 명부 및 비상연락망 –구급약품, 작업용 장갑 –하루 1인당 3.8*l* 정도의 물과 각종 통조림 제품, 캔으로 된 쥬스와 장기 보관용 우유 등 부패되지 않는 음식물과 수동식 깡통따개 –1인당 한 벌의 옷과 양말, 담요 및 개개인의 침낭, 화장지, 비누 등 위생물품 –건전지를 사용하는 라디오와 손전등 등의 비상물품과 도구, 여분의 건전지

2) 실외환경

(1) 실외놀이터

실외놀이터는 영유아가 마음껏 뛰어놀 수 있는 공간이다. 그러나 유아는 '즐거움'과 '안전'을 동시에 고려하지 못하므로, 이들이 안전하게 놀 수 있는 환경을 미리 구성하여 사고를 예방하는 것이 무엇보다 중요하다.

① 안전문제

실외놀이터에서는 넘어짐, 미끄러짐, 부딪침, 충돌, 낙상, 베임, 끼임, 눌림 등의 여러 가지 안전 사고가 발생할 수 있다.

② 안전 점검 사항

주변 환경	• 실외 놀이터의 주변 환경은 오수, 빗물 등이 잘 처리되도록 배수 시설 및 설비가 잘되어 있어야 한다. • 놀이터에는 쓰레기통이나 독초 등이 없어야 한다. • 놀이터에는 깨끗한 식수와 쉴 수 있는 그늘이 제공되어야 한다. • 실외 놀이터의 공간은 원활한 이용과 활동에 충분하고 안전하도록 영유아 1인당 2.5㎡ 이상이어야 한다.
공 간	• 놀이터 내의 시설물은 전체 공간을 고려하여 설치한다. 최소한 공간의 1/3 정도는 빈 공간으로 남겨 두어야 한다. • 실외 놀이공간은 어른 키 높이 정도의 울타리를 쳐서 영유아의 외부 이탈을 막아야 한다. • 보도와 놀이기구 사이는 키 작은 나무, 벤치, 페인트선 등으로 경계를 표시해 주어야 한다. • 교사가 놀이터를 한눈에 볼 수 있도록 설계하는 것이 바람직하다.
바 닥	• 실외 놀이영역의 바닥은 충격-흡수 재질이어야 한다. 진흙이나 잔디, 아스팔트 또는 콘크리트는 낙상 및 추락시의 충격을 흡수하지 못한다. 모든 실외 놀이터에는 25~30㎝ 이상의 모래나 톱밥, 고운 자갈, 나무잎, 균일한 나무토막 등을 설치한다. • 놀이터 바닥의 모래나 톱밥 등은 정기적으로 고르게 해 주고 보충해 주어야 하며, 기온이 영하로 내려갔을 경우는 갈퀴나 삽 등으로 풀어 주어야 한다. • 실외 놀이공간의 돌, 유리조각, 요철, 망가진 시설물, 깨진 시설물 잔해, 나무뿌리 등 각종 상해를 유발할 수 있는 요인은 주기적으로 제거해야 한다. • 우천 시나 장마철에 생긴 물웅덩이는 즉시 제거하여야 한다.
출입문	• 실외출입문은 성인만이 열고 닫을 수 있을 정도로 높게 설치해야 한다. • 실외 놀이터에는 비상사태에 대비해 최소한 2군데 이상 비상구가 설치되어 있어야 한다.

(2) 놀이기구 및 시설

실외놀이터에 설치된 놀이기구 및 시설은 영유아에게 즐거움을 줄 수 있는 필수적인 요인이지만, 각종 안전사고가 가장 많이 발생하는 요인이 되기도 한다. 따라서 놀이기구 및 시설은 처음부터 안전기준을 충분히 고려하여 설치하는 것이 필요하며, 다음에 제시된 놀이기구 및 시설의 설치 기준은 미국 소비자 제품안전위원회(CPSC, Consumer Product Safety Commission) 및 NAEYC(National Association for the Education of Young Children)의 기준을 참조한 것이다.

덧붙여 이미 설치되어 있는 기구 및 시설을 이용할 때는 안전수칙을 준수하도록 교육하는 것이 안전사고를 미연에 방지할 수 있는 방법이다.

① 안전문제

실외놀이터에서는 넘어짐, 미끄러짐, 부딪침, 충돌, 낙상, 베임, 끼임, 눌림, 익사 등 여러 가지 안전 사고가 발생할 수 있다.

② 안전 점검 사항

구분	내용
공통 점검	• 모든 놀이기구들의 갈라진 틈, 녹, 파손된 부분, 마모된 부분은 발견 즉시 보수 해야 한다. • 놀이기구에 나와 있는 볼트나 나사를 점검하고, 모두 덮개를 씌워야 한다. • 갈고리, 사슬, 고리 등은 변형 또는 열려져 방치됨이 없어야 한다. • 연결고리, 회전축 등이 헐거워졌는지 수시로 점검한다. • 움직이는 부분에는 정기적으로 윤활류를 보충해 주어야 한다. • 깨지거나 벗겨진 페인트가 없는지 확인한다. • 기초대, 지지대 등의 매설 부분이 노출되지 않아야 한다. • 모든 기구는 콘크리트 발판에 안전하게 고정되어 있어야 한다. • 모서리, 돌출부 등은 마무리 처리가 잘되어 있어야 한다. • 놀이기구 주변의 쓰레기, 유리조각 등은 즉시 제거해야 한다. • 놀이기구의 최대 높이는 183㎝를 넘지 않아야 한다. • 모든 놀이기구에는 유아의 머리가 끼일 수 있는 12～23㎝ 정도의 구멍이 없어야 한다. • 놀이기구 간의 간격은 244㎝ 이상이 되도록 설계되어야 한다.
미끄럼틀	• 미끄럼틀 설치 안전기준은 다음과 같다. 전체 높이: 120～200㎝ 활주판 경사도: 30° 이하 활주판 간격 높이: 6.4㎝ 이상 오름대 단높이: 18～28㎝ 오름대 경사－사다리 : 75～90° 계단 사다리: 50～75° 계단: 30° 이하 답판 난간 높이: 97㎝ 이상 착지판 길이: 41㎝ 이상 착지판 높이: 23～38㎝ • 미끄럼틀의 올라가는 계단에는 손잡이 난간이 있어야 한다.

<table>
<tr><td>미끄럼틀</td><td>• 미끄럼틀 꼭대기의 공간은 너무 좁지 않아야 하며, 추락을 방지하기 위한 보호벽을 설치해야 한다.
• 미끄러지는 양 옆에는 난간이 있어야 하며, 끝에는 평평한 부분이 있어야 한다.
• 미끄럼틀의 내려오는 부분이 고른지 항상 점검해야 한다.
• 금속재 미끄럼틀은 그늘에 설치하는 것이 바람직하며, 그렇지 않을 경우 과열을 방지하기 위한 차양이 필요하다. 여름철에는 자주 물을 뿌려 주어야 하며, 특별히 녹스는 것에 유의하고 자주 점검해야 한다.
• 목재 미끄럼틀에는 정기적으로 왁스나 기름칠을 해 주어야 하며, 갈라진 부분이나 틈, 가시가 돌출된 부분이 없는지 확인해야 한다.</td></tr>
<tr><td>그 네</td><td>• 안전을 위해 5세 이하 유아용 그네와 5세 이상 유아용 그네를 구분하여 설치할 것을 권장한다.
• 그네는 다른 놀이기구와 274cm 이상 떨어져 있어야 하며, 벽이나 울타리, 보도, 기타 다른 놀이 영역과는 244cm 이상 떨어져 있어야 한다.
• 그네와 지주 간, 그네 간 거리는 47cm 이상을 확보해야 한다.
• 땅바닥에서 그네 밑면까지의 높이는 40cm 정도가 적당하다.
• 그네의 앉는 부분은 가죽이나 고무타이어 등의 부드러운 재질이 좋다. 이와 관련하여 그네 좌석이 닳았거나 손상되었거나 절단된 부분은 없는지 수시로 점검한다.
• 그네를 연결하는 S자 고리는 유아의 손가락이 낄 수 있으므로 가능한 한 사용하지 않거나 완전히 막아야 한다. 완전히 덮은 혹은 8자와 같다.
• 그네를 매다는 사슬의 구멍은 유아의 손끼임을 방지하기 위해 8mm 이하이거나 25cm 이상의 크기로 제작되어야 한다. 만약 설치된 사슬의 구멍이 유아의 손끼임을 유발할 가능성이 있을 경우에는 바닥에서 약 140cm 이상의 높이까지 손가락 끼임을 방지할 수 있는 보호장치를 장착해야 한다. 사슬을 교체할 경우는 단단한 플라스틱 밧줄을 권장한다.
• 그네 사슬이 꼬이거나 부서진 곳에 없는지 수시로 점검해야 한다.</td></tr>
<tr><td></td><td>• 그네의 가로막대는 단단히 고정되어 있어야 한다.
• 그네의 움직이는 부분은 녹슬지 않아야 하며, 부드럽게 작동되어야 한다.</td></tr>
<tr><td>시 소</td><td>• 시소는 무게 균형이 정확하게 잡혀 있어야 안전하다. 또 중심대 부분은 단단하게 고정되어 있어야 한다.
• 시소 끝부분에는 충격을 방지하기 위해 나무블록이나 고무타이어를 대는 것이 바람직하다.
• 유아가 안전하게 잡고 탈 수 있도록 손잡이가 부착되어 있어야 한다.
• 목재 시소는 갈라진 부분이나 틈이 없어야 하고, 썩은 부분이 있으면 즉시 교체해야 한다.</td></tr>
<tr><td>모래놀이 영역</td><td>• 모래놀이 영역은 그늘에 위치해야 한다.
• 모래놀이 영역의 틀은 매끈해야 하며, 사용하지 않을 때는 반드시 닫아 둔다.
• 모래에 유리조각이나 돌멩이 등의 이물질이 섞여 있으면 위험하므로 수시로 확인하고 점검한다.
• 모래놀이 영역은 적어도 2주에 한 번씩 갈퀴질을 하여 엉킴을 풀어 주거나 체를 쳐 준다.</td></tr>
</table>

모래 놀이 영역	• 병원균을 줄이고 곰팡이를 방지하기 위해 바람을 쐬거나 햇빛에 소독하는 것이 필요하며, 세척을 할 경우는 표백제와 물을 혼합한 세척액을 사용한다.
물놀이 영역	• 물놀이를 할 때는 간이 수영장보다는 물뿌리개나 호스 사용을 권장한다. 간이 수영장을 통해 병이 전염될 수 있기 때문이다. 특히 배변훈련이 덜된 유아의 경우는 간이 수영장 이용을 삼간다. • 물놀이용 간이 수영장을 사용할 경우는 다음과 같은 사항을 점검한다. -간이 수영장의 높이는 70㎝를 넘지 않는 것이 안전하다. -간이 수영장 바닥은 안전을 위해 푹신한 재질로 되어 있어야 한다. • 물놀이 영역의 바닥은 물기가 빨리 말라야 하며, 주변에는 미끄럼 방지 매트를 설치한다. • 고무 튜브로 된 모든 물놀이 용품은 안전검사를 통과한 것을 구입해야 한다. • 사용하지 않을 경우에는 반드시 물을 비워 두어야 한다. 우천 시에도 이를 점검해야 한다. 유아는 2.5㎝ 미만의 물에서도 익사할 수 있다. • 수인성 전염병이나 눈병이 유행할 때에는 물놀이 활동을 중단한다.
수영장	• 자체 수영장 시설을 갖추고 있는 경우에는 다음과 같은 사항을 점검한다. 수영장에는 반드시 높이 152㎝ 이상의 울타리를 사방에 치고, 허락 없이 유아의 출입을 금한다. 물이 있을 때는 익사, 없을 때는 추락의 원인이 된다. • 수영장의 유지관리는 철저히 해야 하며, 안전장비, 위생설비, 감독사항에 대해서 수시로 점검한다. 장기간 사용하지 않을 경우에도 지속적인 점검이 필요하다. • 수영장 주변의 모든 보도는 미끄럼 방지 처리가 되어 있어야 한다. • 수영장에는 물과 관련된 필요한 안전장비를 갖추어야 한다. • 유아가 물속에 들어가 있을 때는 2시간 마다 물의 PH가 7.2~8.2를 유지하는지 확인한다. • 수영장의 수온은 28~34° C를 유지하는 것이 좋다. • 수영장을 사용할 경우, 매일 물을 갈아 주고 소독을 철저히 해야 한다.

(3) 특별관리

보편적으로 갖추어져 있는 시설 및 설비 이외에 특별한 안전 관리가 필요한 영역, 특별히 점검해 보아야 하는 설비가 있다. 여기에는 동식물을 기르는 영역과 급배수 시설 및 정화조, 차량관리가 포함되었다.

① 동식물 기르는 영역

실외 활동을 할 때 동식물 기르는 영역은 교육적인 효과가 뛰어나다. 그러나 위생 및 건강 또는 중독과 관련하여 여러 가지 안전문제를 유발할 수 있으므로 안전

점검 사항을 숙지하여 관리하는 것이 필요하다.

❶ 안전문제

동식물 기르는 영역에서는 감염, 중독, 알레르기, 경련, 구토, 위장장애, 설사 등의 안전과 관련된 문제가 유발될 수 있다.

❷ 안전 점검 사항

- 사육하는 모든 동물은 전염병 예방접종을 철저히 해야 하며, 정기적으로 건강진단을 시켜야 한다. 이와 관련하여 수의사를 지정해 둘 것을 권장한다.
- 동물의 배설물은 철저히 관리해야 하며, 특히 유아의 손에 직접 닿지 않도록 자주 치우고 사육장을 소독해야 한다. 또한 모든 동물은 1주일에 1회 이상 씻겨 주어야 한다.
- 사육하는 동물 이외에 벌이나 독성이 있는 곤충이 서식하지 않는지 점검한다.
- 보육시설과 그 주변에 서식하는 모든 식물의 특성과 유독성 여부에 관한 정보를 알아야 한다.
- 주변 식물 전부에 이름표를 붙이고 목록을 작성해야 한다.
- 유독식물은 제거 또는 유아가 만지지 못하는 곳에 옮겨 심는다. 만일 제거가 불가능할 때는 보호 울타리를 설치해야 한다.
- 유아가 주변의 모든 식물을 먹지 않도록 특별한 교육이 필요하다.

② 급배수 시설 및 정화조

영유아의 안전 및 위생과 관련하여 실외에 설치되어 있는 급배수 시설 및 정화조는 사고가 발생할 위험이 크다.

❶ 안전문제

급배수 시설 및 정화조에서는 오염, 중독, 추락, 사망 등의 안전과 관련된 문제가 유발될 수 있다.

❷ 안전 점검 사항

- 급수시설은 상수도에 의거함을 원칙으로 하나, 만일 우물에 의할 경우 반드시 우물틀을 설치하고 뚜껑을 덮어 둠으로써 영유아가 오르거나 빠지는 사고가 발생하지 않도록 유의한다.
- 맨홀, 정화조, 구덩이에는 반드시 덮개를 설치해야 한다. 또한 유아가 덮개를 쉽게 열 수 없도록 해야 하며, 결쇠를 장착한다.
- 물탱크 및 정화조는 주기적으로 청소해야 한다.
- 배수구의 물빠짐을 항상 점검하고, 특히 우천시나 장마 시에는 넘쳐 흐르지 않도록 조처해야 한다.

③ 차량 관리

보육시설에서는 원칙적으로 차량 운행을 금지하고 있다. 그러나 차량은 견학이나 캠프 등의 특별활동에 많이 이용하고 있는 실정이다. 차량은 안전사고의 위험이 매우 높기 때문에 정기적 점검이 반드시 필요하며, 차량 내부의 안전 요인도 이용에 앞서 반드시 점검해야 한다.

❶ 안전문제

차량으로 인해 유발되는 안전사고로는 넘어짐, 부딪침, 추락, 낙상, 찔림, 상해, 사망 등이 있다.

❷ 안전 점검 사항

차량 관련	• 보육시설에서 운행 또는 이용하는 모든 차량은 법적인 문제가 없어야 하며, 반드시 차량 종합보험에 가입되어 있어야 한다. • 주 1회 이상 정기적으로 차량을 점검해야 하며, '출발 전 5분 점검' 도 필요하다. 위생상태와 청결은 정기적으로 점검해야 한다. • 냉방장치와 난방장치가 갖추어져 있어야 한다. • 모든 좌석에는 안전벨트가 부착되어 있으며, 안전벨트의 고장 여부를 확인한다. • 안전을 위해 시트 앞에 손잡이가 부착되어 있어야 한다. • 시트 밑에 돌출된 나사, 청소 기구 등으로 인해 유아가 상해를 입을 수 있으므로 상시 점검한다. • 차문을 열어놓은 채로 운행을 금해야 하며, 차문의 안전잠금장치가 정상적으로 작동되는지 확인하고, 고장 시 즉시 수리하여야 한다.

차량 관련	• 차량에는 응급사태와 관련된 상비의약품이 비치되어 있어야 하며, 비상사태 시 연락할 수 있는 휴대폰이나 카폰, 무전기가 비치되어 있어야 한다. • 비상 또는 응급시 예비차량을 즉시 대처할 수 있어야 한다. • 차량 안에는 안전점검 사항, 수리 및 보수 사항, 운행상황 등을 기록한 기록지가 비치되어 있어야 한다.
운전자 관련	• 차량은 반드시 면허를 가진 사람이 운행해야 한다. • 운전자는 신분이 확실해야 하며, 특별히 폭력이나 성추행 등의 전과가 있는지 반드시 확인해야 한다. 약물복용 전과가 있어서도 안 된다. • 차내에서는 반드시 금연하며, 영유아를 수송하기 12시간 전부터는 금주 또는 약물복용 및 치료를 받지 않은 상태여야 한다. • 운전자는 차량 운행시 음악을 들어서는 안 되며, 헤드폰이나 이어폰 착용을 금한다. • 운전자 또는 보조자들은 기본적인 응급처치와 인공호흡법에 대해 알고 있어야 하며, 어떤 지점에서도 응급기관 및 병원으로 가는 가장 빠른 길에 대한 정보를 가지고 있어야 한다. • 3세 이하 영아의 경우는 한 번에 1시간 이상의 차량 이동을 금해야 한다. • 차량에 탑승하는 모든 유아는 '안전 수칙' 에 대해 교육받았거나 알고 있어야 하며, 교사는 출발 5분 전에 이를 점검해야 한다.

3. 생활 영역별 안전수칙

1) 놀이

(1) 놀이터에서의 안전수칙

놀이터에서 발생되는 가장 빈번한 사고는 미끄럼틀, 철봉, 정글짐, 구름, 다리 등의 오르기 기구에서 추락하는 사고다. 떨어지는 이유로는 놀이기구를 거칠게 타거나, 걸어서 오르내리거나, 손잡이를 잡지 않거나 미끄러지는 경우다.

사고유형에 따라 유아들이 놀이기구를 이용할 때 지켜야 할 놀이 규칙을 제시해 보면 다음과 같다.

• 그네

- 줄 서서 기다렸다가 순서대로 바꿔 탄다.
- 한 사람씩 탄다.
- 그네가 완전히 정지한 상태에서 타고 내린다.
- 손잡이를 양손으로 꼭 잡는다.
- 서서 타거나 무릎으로 혹은 엎드려 타지 않는다.
- 사람이 타지 않는 그네를 흔들거나 줄을 꼬지 않는다.
- 움직이는 그네와 떨어져서 안전선 밖으로만 다닌다.
- 그네를 타지 않는 유아는 그네 가까이에서 다른 놀이를 하지 않는다.

• 미끄럼틀

- 올라갈 때는 손잡이를 잡고 한 계단씩 올라간다.
- 앞사람이 올라간 다음 올라간다.
- 미끄럼판으로 거꾸로 올라가지 않고 꼭 계단을 이용해서 올라간다.
- 차례를 기다린다.
- 한 사람씩 앉아서 내려온다.
- 내려올 때는 발이 먼저 내려와야 한다.
- 다른 사람을 밀거나 당기지 않는다.
- 내려온 뒤에는 다른 사람과 부딪히지 않도록 빨리 비켜 준다.

• 시소

- 시소 위에 서 있거나 뛰지 않는다.
- 두 손으로 손잡이를 꼭 잡는다.
- 내릴 때 시소 밑에 발을 두지 않는다.

(2) 쌓기 놀이

- 유아가 블록을 안전하게 꺼낼 수 있는 높이의 정리장에 정돈한다.

- 끝부분이 날카롭거나 빽빽하지 않은 것으로 선택한다.
- 블록으로 친구를 때리거나 밟지 않는다.
- 총, 칼 등을 만들어 위험한 놀이를 하지 않는다.
- 부서진 것은 제거한다.
- 작은 블록을 입 안에 넣지 않는다.

(3) 역할놀이

- 봉제인형 등의 장난감의 상태를 정기적으로 점검한다.
- 유리 등 위험한 재질의 용품은 내주지 않는다.
- 깨진 그릇은 즉시 교체한다.
- 젓가락을 귀에 넣지 않는다.
- 병원 놀이 시 눈, 코, 입, 뒤 등에 실제 물건을 넣지 않는다.

(4) 조작 놀이와 책 보기

- 책꽂이에 올라가거나 친구에게 책을 던지지 않는다.
- 연필과 같이 길고 뾰족한 물건을 손에 들고 장난치지 않는다.
- 헤드폰이나 이어폰 소리를 너무 크게 조작하지 않는다.

(5) 조형놀이

- 종이를 취급할 때 베이지 않도록 주의하고, 베이게 되면 물로 깨끗이 씻는다.
- 가위는 끝이 무딘 것으로 13㎝ 정도 길이의 가볍고 안전한 것을 준비한다.
- 스테이플러, 펀치 등의 도구에 대한 안전한 사용법에 대해 이야기한다.
- 접착제, 특히 본드의 사용법을 알려 준다.
- 빗자루, 쓰레받기 등의 안전한 사용법도 알려 준다.

(6) 물놀이

- 물놀이는 반드시 교사 감독하에 하여야 한다.
- 물에 처음 들어가기 전에 손발부터 적신 후 들어간다.
- 껌을 씹거나 음식을 먹으면서 수영하면 질식의 위험이 있으므로 주의한다.
- 잘 모르는 곳에서의 물놀이 시에는 사전답사를 하고 물의 높이와 바닥의 상태를 알고 난 후에 놀이해야 한다.
- 아주 차가운 물이나 오염된 물에서는 수영하지 않는다.
- 튜브를 사용하는 경우 수영 전에 튜브의 바람이 꽉 찼는지 확인한다.
- 물속에서 튜브의 바람이 빠졌을 경우 소리쳐서 어른에게 알린다.
- 물에 빠진 사람을 발견하면 성인에게 알리고 절대로 구하려고 물속에 들어가지 않는다.
- 야외에서 수영을 할 경우 가능한 한 자외선이 강한 오전 10~12시, 오후 3~5시를 피하도록 한다.

(7) 모래놀이

- 모래 속에는 뾰족한 돌이나 유리 등이 있을 수 있으므로 안전을 위하여 규칙적으로 모래를 점검하고 채로 쳐서 걸러 내도록 한다.
- 모래 놀이터에는 적당하게 물을 뿌려 모래가 날리지 않도록 한다.
- 모래를 입에 넣거나 사람을 향해 던지지 않는다.
- 모래가 눈에 들어간 경우 비비지 않고 교사에게 이야기하도록 한다.

2) 교통안전수칙

유아를 위한 교통안전 교육은 교통사고 위험에서 유아를 격리시키는 것이 아니라 유아가 적극적으로 교통사고의 위험을 찾아내고 그것에 대처해 나갈 수 있는 행동을 길러 주어, 교통사고의 피해자가 되지 않음은 물론 장차 성인이 되었을 때 교통안전의 사회적 책임을 다할 수 있는 교육이 되어야 한다.

(1) 안전한 보행

• 등, 하원 길의 안전

- 등, 하원은 항상 다니던 길로 다닌다.
- 인도로 걸으며 뒤돌아보거나 장난하지 않는다.

• 골목길에서의 안전

- 좁은 골목길에서는 앞뒤, 좌우를 살펴보며 천천히 걷는다.
- 골목에서 차도로 나올 때 뛰지 않는다.
- 차가 다니는 좁은 길에서는 차가 지나간 후에 간다.
- 차가 다니는 좁은 길이나 주차장에서 공놀이를 하거나, 자전거를 타지 않는다.

• 시간, 상황의 변화에 따른 안전

- 귀마개는 추운 날씨라도 주변 소리를 들을 수 없으므로 착용하지 않는다.
- 멈춰 있는 차도 움직일 수 있음을 알고 항상 차 앞쪽으로 걷도록 한다.
- 자동차, 트럭이나 승합차 뒤에서는 놀지 않아야 하며, 그런 차들이 지나갈 때는 빨리 지나간다.

(2) 안전한 도로 횡단

• 신호등이 있는 횡단보도

- 보행자 신호를 보고 건넌다.
- 녹색 신호등이 켜지더라도 왼쪽을 보고 차가 멈춘 것을 확인한 후 건넌다.
- 차가 오는 방향을 바라보고 가면 위험한 상황에 대처할 수 있다는 것도 알려준다.
- 안전 횡단의 3원칙 '선다－본다－건넌다' 를 반드시 지킨다.
- 도로를 횡단할 때는 뛰지 않는다.

- 신호등이 없는 횡단보도
  - 운전자의 얼굴을 보면서 차와 가까운 쪽의 손을 들고 건넌다.

- 횡단보도가 없는 도로 횡단
  - 뛰거나 서두르지 말고 좌우를 살핀 후 완전히 차가 멈춘 것을 확인하고 천천히 걷도록 한다.

3) 유괴, 미아 및 성폭력 사고에 대한 안전수칙

(1) 유괴, 미아 사고의 위험 및 예방

유괴, 미아 사고를 방지하기 위한 구체적인 사항을 제시하면 다음과 같다.

- 낯선 사람을 절대 따라가지 않도록 하며, 낯선 사람의 차는 절대 타지 않는다.
- 유아가 외출할 때는 부모에게 행선지를 알리고 유치원이나 친구 집에 갈 때는 안전한 큰 길로 다니게 하며, 혼자 놀지 않도록 한다.
- 유아에게 자신의 이름과 집 주소, 전화번호, 지역번호도 외우게 한다.
- 유아에게 공중전화를 걸 수 있는 방법과 비상시에 신고나 도움을 청하기 위한 전화번호가 '119'라는 것을 알려 준다.
- 견학이나 소풍 등으로 사람이 많이 모인 넓은 곳으로 나갈 경우, 만약의 경우를 대비해서 교사는 유아와 비상시에 서로 만날 장소를 미리 정해 둔다. 유아 혼자 행동하지 않게 하며 친구와 짝을 정해 주고 같이 다니게 하는 것도 좋다.

(2) 유아 성폭력 예방

부모의 부주의에 일어나는 미아 사고나 나쁜 어른들에 의해 계획적으로 일어나는 유괴나 성폭력은 우리 사회에서도 빈번하게 일어나는 유아 안전사고의 하나가 되었다. 부모나 교사가 이러한 사고에서 유아를 보호하기 위해서는 세심한 주의와 함께 유아에게 유괴, 미아사고 및 성폭력의 가능성을 알려 주고, 사고를 예방할 수 있는 방법과 만약의 경우 사고에 대처하는 방법을 알려 주어 유아 스스로도 자신을 지킬 수 있도록 해 주어야 한다.

유아 성폭력 사고를 예방하기 위한 구체적인 사항을 제시하면 다음과 같다.

- 내 몸의 소중함을 알려 준다.
- 인형 또는 실제 아이가 속옷을 입었을 때 '속옷 안의 네 몸은 소중한 부분이니까 다른 사람이 함부로 보거나 만지면 안 되는 거야.' 라고 일러 준다.
- 아무리 가까운 사이라도 원치 않거나 불쾌한 접촉을 할 때에는 단호하게 '싫어요!' '안 할래요!' '안 돼요!' 라고 말할 수 있도록 일러 준다.
- 유아에게 가해자가 '우리끼리만 아는 비밀이니 아무에게도 말하면 안 돼.' 라거나 '말하면 죽여 버린다.' 며 협박할 수도 있다고 말해 주고, 그럴 경우에도 '끝까지 보호해 줄 테니 두려워하지 말고 꼭 이야기해야 함' 을 일러 준다.
- 무조건 순종적이기보다는 자신의 의견을 제대로 표현할 수 있도록 성향을 길러 준다.
- 낯선 사람의 차는 타지 말고, 따라가거나 혼자서 장소를 이동하지 말 것을 일러 준다.
- 가능한 한 유아 혼자 집에 있지 않도록 하며 그럴 경우에도 함부로 문을 열어 주지 말 것 등을 일러 준다.
- 공중화장실에 가거나 엘리베이터를 탈 때에는 친구나 어른과 함께 타도록 한다.
- 위급한 상황이 생기면 급히 연락할 수 있는 곳의 전화번호 등을 일러 준다.

4) 화재 및 화상에 대한 안전수칙

(1) 화재의 원인과 예방

주변 상황에 대하여 호기심이 많고 무엇이나 직접 해 보려고 하는 경향이 강한 유아기부터 불의 편리함, 필요성과 함께 화재를 일으킬 수 있는 여러 가지의 원인을 알려 주고 이들을 어떻게 다루어야 하는지를 이해시킴으로써 유아 스스로가 화재를 예방할 수 있게 해야 한다.

- 성냥이나 라이터, 촛불 등으로 장난을 하지 않으며 이런 물건을 보면 부모님, 선생님께 알린다.
- 화약, 폭죽 등을 가지고 장난하지 않는다.
- 비누 거품을 이용하여 가스의 누출 상태를 정기적으로 점검한다.
- 가스관, 가스밸브, 전기용품은 정기적으로 점검한다.

(2) 화재 시 대피방법

상황에 따라 적절하게 대처했을 때 화상이나 연기에 의한 기도 손상 등을 최소화할 수 있으므로 유아에게 화재의 상황에 따라 적절한 대처 방법을 평소에 알려 주어야 한다.

화재 시의 올바른 대처 방법에 관하여 구체적으로 알려 주어야 하는 것은 다음과 같다.

- 옷에 불이 붙었을 때에는 절대로 뛰지 말고 눈과 입을 손으로 가리고 바닥에 뒹굴어 끈다.
- 연기가 꽉 찬 곳에서는 팔과 무릎으로 기어서 나간다.

(3) 소화기의 사용 방법

- 소화기를 가지고 장난하지 않으며, 소화기는 항상 있던 장소에서 옮기지 않아야 한다.
- 소화기는 잘 보이는 곳, 잘 꺼낼 수 있는 곳, 그늘진 곳, 습기가 없는 곳에 보관해야 한다.
- 사용 후에는 반드시 재충전하고, 한 달에 한 번 점검을 해야 한다.
- 교사는 소화기의 사용법을 알고 있어야 한다.

소화기 사용법

① 안전핀을 뽑는다.

② 바람을 등지고 불이 난 곳으로 호스를 겨냥한다.

③ 손잡이를 꽉 쥐고 뿌린다.

④ 호스를 조심스럽게 움직이면서 불을 끈다

제2부

안전교육 프로그램

3장 미국의 안전프로그램 모형
4장 안전교육과정
5장 응급처치

제3장

미국의 안전프로그램 모형

안전프로그램을 생각할 때 염두에 두어야 할 것에는 프로그램의 테마, 주제의 취급, 내용전달에서의 단어들의 배치, 프로그램의 정동의 색조 등을 들 수 있다. 프로그램을 고안하는 사람에게는 자명한 용어나 개념도 프로그램의 대상이 되는 사람에 따라 다르게 해석될 수 있다. 예로 안전에 관한 교재 속에 '위험한', '안전한' 과 같은 어휘들이 유아에게는 쉽게 이해되지 못하고, 특히 형용사와 부사의 이해가 어렵다는 연구결과도 있다. 의사전달에서의 정동적인 색조도 중요한 변인이 된다. 안전에 대한 일반인의 이미지는 대체로 빈약하여 안전한 행위의 기준을 분명하게 설정하는 데 어려움이 있으며, 이에 따라 대체로 안전은 하지 말아야 할 사항들의 나열로 부정적인 것으로 특징지어질 수 있기 때문이다.

한편, 사고에 대한 심리학적 접근은 개인의 인적 요인의 중요성을 강조하여 왔다. 그러나 많은 사고는 사회적인 요인이 두드러진 맥락 속에서 발생한다. 사고에는 여러 가지 원인이 있으며, 사고와 관련되는 측면에는 사회적, 개인적, 법적, 의학적, 경제적, 공학적, 도덕적인 것이 있다. 따라서 사고에 대한 학제 간 또는 영역 간 협동의 형태가 되어야 한다.

심리학자들은 사고매개체인 위험 요인을 변화시키는 데 중점을 두는 소극적인 방법의 한계를 극복하고자 사고통제 영역에서 유아의 행동, 태도, 생활방식을 변화시킴으로써 유아의 개인적 행동을 변화시키고자 노력해 왔다. 심리학적 연구에서 사고통제의 개념화에 대한 더욱 알맞은 틀은 교육적 개입의 대상을 확인하고 변화를 이끌기 위한 방법을 모색하며 교육적 개입 대상에게 행동을 변화시키는 방법을 소개하는 것으로 시작한다(Peterson & Mori, 1985; Williams & Lund, 1992). 교육적 개입의 잠재적 목표는 유아, 부모, 사고유발 요인이 될 수 있다. 시행하는 방법에는 법률적/명령적인 것(예, 새 자동차에는 에어백을 의무적으로 장착하도록 법령화하는 것이 안전의 개선에 도움이 된다)과 개인이나 집단에 대한 교육적/설득적인 것이 포함될 수 있다. 교육적 개입의 잠재적 목표들과 접촉할 수 있는 방법에는 지역사회 전체에게 대중매체를 활용하는 방법, 특정발달 수준에 있는 아동에게 알맞은 교육적 개입을 고안하는 방법(학령기 아동에게 길 건너는 방법을 가르치기 등), 사고의 위험이 높은 개인에게 특별히 더 유의하는 방법(위험지역에 사는 아동에게 자신을 안전하게 지키는 방법을 가르치기 등)으로 나뉜다. 유아의 사고예방, 즉 안전에 대한 심리학자들의 연구들은 사고 매개체가 되는 위험 요인을 변화시키거나 제거하는 것을 더욱 구체화할 수 있고, 유아의 행동을 직접 변화시키는 방법에 초점을 둠으로써 세분화된 안전관련 문제에 초점을 둔 전략을 사용할 수 있다.

어린이 사고예방의 중요성을 주장한 연구자들에 의해 제시된 사고 예방 전략을 종합하여 보면 대부분이 거의 유사하였다. Thomas(1984)나 Mayhew(1991) 등의 견해는 다음과 같다.

- 유아 사고예방에 대한 교육의 대상자는 자녀를 양육하는 부모, 가족 그 외 보호자로서 사고를 인지하고 행위적으로 실천할 수 있도록 계속적으로 교육한다.
- 안전에 대한 주제선정은 어린이 발달과 연령에 따른 사고유형 특성을 고려하

여 선택한다.

- 교육방법은 부모의 교육수준, 사회경제 정도까지 참고한다.
- 교육 자료는 지침서, 팸플릿, 소책자를 제작하여 사용한다.
- 개인상담, 그룹토의 등 직 · 간접적인 경험을 할 수 있는 기회를 제공한다.
- 지시와 격려를 하고 주기적으로 '가정안전 점검표' 를 통하여 안전의식 정도를 파악한다.
- 가정방문이나 상담을 하여 재조정한다.
- 계속적인 조사연구를 근거로 하여 안전교육과 캠페인을 한 결과 어린이 사고 발생이 획기적으로 감소되었다.

Sullivan 등(1990)은 SCIPP(Statewide Childhood Prevention Program)를 개발하여 시행한 조사연구 결과에서는 매우 효과가 있었음을 보고하였다. 이와 같이 어린이 사고 예방을 위한 프로그램은 매우 논리적이고 체계적인 도구로 어린이 사고 예방에 공헌되고 있음을 시사하였다. 미국에서는 1987년부터 손상감시체계(injury surveillance system)를 사용하고 있으며 또한 손상통제(injury control) 개념으로 대상 집단에서의 손상의 위험을 최소화시키는 과학으로 손상 예방뿐만 아니라 손상을 초래하는 에너지의 전이를 감소시키는 적시에 치료를 제공하고 손상 후 기능을 회복시키는 노력까지 포함하고 총체적 의미를 갖는 실제 응용을 하고 있다. 이와 같이 선진국에서는 어린이 사고 예방 프로그램이 활발하게 실시되어 안전문화가 정착되고 있다.

미국의 여러 주에서는 사고 예방 프로그램을 편성하고 지역사회와 교사, 학부모로 구성된 각종 조직을 형성하여 운영하고 있다. 예를 들어, 노스다코다 주의 경우에는 '학교감시(School-Watch)' '지역사회감시(Neighborhood-Watch)' '안전지대(Safe-T-Zone)' 와 같은 프로그램이 성공적으로 운영되고 있는데, 미국의 경우, 가정과 학교 및 사회가 어린이의 안전생활의 장이 된다. 모든 학부모나 사회인이 남의 자녀를 내 자식처럼 선도한다면 어린이의 안전생활은 잘 이루어질 것이라고 본다. Finkelhor와 Strapko(1987)에 따르면 미국에서 25개 종류의 안전 교육 프로그램의 효과를 비교한 결과 가장 효과적인 프로그램은 최대한 장기간에 걸쳐서 반복적으로 유아를 교육하고, 강화의 기회를 제공하는 종합적인 프로그램인 반면 가장 효과적이지 못한 프로그램은 추상적인 개념만을 가르치는 것이라고 밝혔다.

한편 미국의 경우는 조기 안전프로그램의 일환으로 '안전마을'을 운영하고 있다. 이것은 유아를 대상으로 한 20시간짜리 안전교육 프로그램으로서, 어린이들은 이 프로그램을 통해 실제적인 모의상황에 접하여 그들의 연령 수준에 맞는 안전하고 올바른 행동 교육을 받게 된다. 이 마을에는 축소된 집들, 소방서, 학교, 사무실 건물들이 만들어져 있고, 실제 크기의 신호등과 철도 건널목 등이 세워져 있다. 이때 어린이들은 안전벨트가 부착된 소형 자동차를 타고 마을을 돌아다닐 수 있다. 이 프로그램은 또한 교실 안과 밖의 활동으로 나뉘어 구성되어 있으며, 어린이들은 안전보행 이외에는 화재, 독극물 등에서 발생하는 위험에 대한 시범 활동에 참여하게 된다. 이 프로그램은 전적으로 자원봉사자에 의해 운영되며 경찰관과 소방관, 의사 및 간호사 등 실제 안전과 관련된 전문가들이 지원을 받는다.

1. 안전프로그램의 개발 원리

미국의 경우 초기 안전교육 프로그램에서는 일반적으로 특정한 주제에 초점을 두었으나 오늘날에는 모든 주에서 안전교육을 유아교육과정의 한 부분으로 포함하고(Florio & Alles, 1989) 있다. 따라서 안전프로그램은 유아교육기관에서 행하여지고 있는 교육과정의 형태와 일치해야 하며 유아의 발달수준, 흥미, 필요성에 따라 여러 가지 종류로 계획되어야 한다는 것이다.

Worick(1975)은 바람직한 안전프로그램의 구성 원리를 다음과 같이 설명하고 있다. 안전교육 프로그램은 첫째, 유치원의 전체 교육과정에 잘 맞아야 한다는 점, 둘째, 학습자의 요구에 맞추어야 한다는 점, 셋째, 계속적으로 변화하고 있는 사회의 요구에 맞추어 고안되어야 한다는 점, 넷째, 학습자와 사회의 요구에 맞추어 계속적으로 평가되고 개정되어야 한다는 점, 다섯째, 안전교육 프로그램에는 다른 과목과 통합된 경험이 제공될 수 있도록 고안되어야 한다는 점, 여섯째, 학습자의 자기신뢰감(self-reliance)을 개발하도록 고안되어야 한다는 점, 마지막으로 유아가 모든 환경하에서 안전한 행동을 발달시켜 나가도록 구성해야 한다는 점이다. 따라서 체계적인 안전프로그램을 구성하기 위해서는 프로그램의 개발 단계에서는 다음의 절차를 거쳐야 한다.

먼저 1단계에서는 안전프로그램 개발의 결정 단계로서 사회의 요구와 유아의 요구를 파악하는 것이다. 2단계에서는 안전프로그램의 목적설정의 단계로서 유아에게 필요한 안전지식, 기술, 태도, 습관이 무엇인지를 결정한다. 3단계에서는 상호관계를 파악하는 단계로서 유아의 흥미와 능력을 파악하여 유아의 발달에 적합한 프로그램을 설계하는 단계다. 마지막 4단계에서는 타당한 정보에 관한 교육내용을 선정하고 직접적인 경험을 통한 학습을 조직하며, 다양한 기법에 의한 교수방법을 조직해야 한다.

2. 안전프로그램의 운영 원리

유아기 안전프로그램의 계획 및 운영에서 논리적으로 접근하는 것은 매우 중요한데, 유아의 상황에 맞는 위험인자를 발견하고 위험 정도를 낮춰야 한다(Griffin, 2001)는 것이다. 다음 여섯 가지의 위험 평가를 하고 그에 따라 위험을 낮추는 방안을 수립하는 것은 유아기 안전프로그램 운영에서 매우 중요하다. 다음의 지침을 따르게 되면 위험 정도를 낮추고 안전행동 수준을 높이는 안전프로그램 운영 방안을 수립할 수 있다.

위험평가의 분석 단계는 [그림 3-1]과 같으며, 위험을 평가하기 위한 각 과정을 상세히 설명하면 다음과 같다.

단계	내용
단계 1	사고가 일어날 수 있는 가능성 파악
단계 2	중요한 위험요소 인식
단계 3	사고 가능성에 대한 예견
단계 4	사고의 심각성에 대한 분석
단계 5	현재 상황이나 사건의 위험 정도 분석
단계 6	위험 감소 방안 모색

[그림 3-1] **위험 평가의 분석 단계**

먼저 첫 번째 과정은 사고나 위험이 발생할 만한 가능성을 파악하는 단계로 생활 주변에서 위험 발생한 일들을 도출시키는 것은 매우 광범위하다. 즉, 환경(학교, 물리적, 정신적), 다른 영역의 사람들, 처한(교육, 금전, 관리) 활동성의 범위, 시간(이른 아침, 수업 중, 점심시간, 방과 후, 저녁 행사, 주말, 휴일 등), 장소(교실, 보일러실, 운동장, 현장, 집회장, 식당, 도로, 공원, 외진 도서관으로 가는 길 등)에 따라서 위험 발생의 가능성은 매우 다양하다. 시간이 걸리는 일이지만 이 단계가 명확해야 다음 단계인 중요한 위험요소를 인지하는 것이 정확해진다.

두 번째 과정은 중요한 위험 내지는 사고 요인를 인지하는 단계로서 '중요한 위험요소(significant hazard)' 는 '노동규칙에서 건강과 안전의 관리(the management of health and safety at work regulations)' 에 나오는 용어다. 그리고 여기에는 관련된 사람들이 어떻게 다칠 수 있는지에 대한 판단의 요소를 포함하고 있다. 예를 들어, 영아의 경우 작은 놀잇감이나 물체들이 질식을 일으킬 수 있는 중요한 위험요소가 될 수 있는 반면에 아동기 이후부터는 레고와 같은 작은 물체를 입에 넣지 않으므로 더 이상 중요한 위험요소가 아니다. 유아에게 일어날 수 있는 사고는 어느 정도 아동의 발달단계에 따라서 예측할 수 있다. 걸음마 단계의 유아는 물체를 잡아당기므로 유아에게 물체들이 쏟아지거나 넘어지는 위험이 도사리고 있다. 익사사고의 경우 갓난아기는 목욕통에서, 걸음마 단계의 유아는 호수에서 사고를 당하기 쉽다. 따라서 아동발달 단계를 잘 알고 있는 사람들은 아동발달 단계에 맞는 중요한 위험요소 또한 잘 알 수 있다. 이 단계에서 알아야 할 또 다른 문제는 '예상 가능한 사고'와 '예상 불가능한 사고' 사이의 차이를 아는 것이다. 예를 들어, 예상 가능한 사고는 화재와 같이 언제 일어날지는 모르지만 언젠가는 일어날 수도 있는 위험이다. 이런 위험에 대해서는 적절한 교육이 필요하다. 반면에 예상이 불가능한 사고는 일어날 가능성이 거의 없는 사고를 의미하며, 이런 위험에 대한 안전교육은 실시하지 않는다. 이와 같이 또 다른 중요한 사항은 각 개인의 지역적인 조건에 맞는 요소들을 참조하여 중요한 위험요소를 찾아내는 것이다.

세 번째 과정은 사고 가능성에 대해 생각하는 단계로 이 작업은 어떤 일이 일어날 가능성에 대한 현실적인 평가기준을 만드는 것이다. 평가기준을 작성하는 데 있어 고려해야 할 요소들은 다음과 같다.

- 최근에 유아교육기관에서 발생했던 사건
- 최근에 주변의 유아교육기관에서 일어났던 사건
- 교육장소에서 얻은 정보
- 당신의 학교 내 사람들에게서 모은 정보
- 안전담당자와 학생 간의 브레인스토밍을 통한 정보 파악

네 번째 과정은 심각성을 고려하는 단계로, 사고가 일어날 가능성과 함께 중요하게 고려해야 할 사항이 바로 사고의 심각성이라는 것이다. 예를 들어, 동전던지기 게임은 돈을 잃을 확률이 반으로 높은 편이고, 러시안 룰렛은 목숨을 잃을 확률이 1/6로 낮지만, 둘 중 동전던지기 게임이 더 안전하다고 판단하는 것이다.

다섯 번째 과정은 현재의 상황이나 사건의 위험이 높은지 낮은지를 판단하는 단계로 고위험은 사고가 일어날 가능성이 높고, 그 사고의 결과가 심각한 위험을 의미하며, 저위험은 사고가 일어날 가능성이 낮고 그 사고의 결과가 심각하지 않은 위험을 의미한다.

여섯 번째 과정은 위험을 감소시키기 위한 방안을 모색하는 단계로서 위험의 감소는 사고가 일어날 가능성을 낮추는 방법과 사고결과의 심각성을 낮추는 방법에 따라 달성될 수 있다. 먼저 위험을 낮추는 가장 좋은 방법은 위험인자를 완전히 제거하는 것이다. 위험인자를 완전히 제거할 수 없을 때는 상황에 맞게 위험인자를 낮추는 방법을 사용한다. 예를 들어, 운동장에서 운동을 하는 경우 훌륭한 심판이나 위험이 일어날 가능성이나 위험 정도가 낮은 결과들이 나오도록 운동규칙을 변경하거나 신체접촉 부위의 물건들의 면을 안전하게 바꾸는 등의 방법을 사용한다. 위험을 감소시키기 위한 구체적인 방안은 다음과 같은 것들이 있다. 먼저 활동의 순서를 만드는 것은 위험 감소에 도움이 된다.

- 무엇을 하고 있는가?(무엇이 일어날지를 명확히 안다.)
- 무엇이 사람들에게 해를 주는가?(위험 인지)
- 위험의 정도는 높은가 낮은가?(위험의 가능성, 심각성)
- 그 활동을 꼭 해야 하는가?
- 사고 가능성을 낮출 수 있는가?(위험 감소)
- 사고결과의 심각성을 낮출 수 있는가?(위험 감소)
- 위험을 조절하기 쉽도록 여분의 조치를 취할 수 있는가?

또한 가장 위험한 일을 먼저 다루기 위해서 당신의 행동에 우선순위를 매기는 것이 좋다. 또한 특별한 일에는 특정의 사람을 배치시키고, 당신의 배치가 원하는 결과가 나오는지 알 수 있도록 일의 결과 모니터가 필요하다.

3. 안전교수모형 구성

이 연구에서는 미국 유아 안전프로그램 대표적인 모형들을 기본방향, 교육목적, 교육내용, 교수방법을 분석하였다. 먼저 미국 아동위원회(1991)의 모형은 유아기 폭력예방 프로그램으로 유아의 충동적 · 공격적인 행동을 감소시키기 위해서는 감정이입, 충동 조절, 분노 관리와 같은 기술을 습득시킴으로써 사회적 능력을 증진시켜야 함을 강조하였다. 주요 목표 중의 하나는 유아 스스로 건강하고 독립적인 문제 해결사가 되도록 돕는 것이다. 그들의 환경에 긍정적으로 영향을 끼치는 것을 배움으로써 아이들은 자존심의 성장과 학교 수업의 준비를 경험하게 된다. 이것이 뒤에 학교에서 발생할 수도 있는 조정의 실패하는 패턴을 막을 수 있게 한다. 유아는 모델링, 실천, 강화의 과정을 통하여 친사회적인 것을 학습하게 되고, 감정이입, 충동 조절, 분노 관리의 기술을 배워서 감정의 억제와 중재가 가능해진다.

Scott(1992)의 모형은 등뼈척수 사고와 뇌의 외상사고 예방에 중점을 두고 있다. 이 프로그램은 아동발달, 유아교육, 예방심리학에 근거하여 조직되어 있고 유아를 대상으로 하고 있는데, 그 이유는 유아기가 행동유형이 형성되는 시기로 유아가 성인기로 들어서면 불안전한 행동을 수정하는 데 더욱 어려움을 겪는 것으로 밝혀졌기 때문이다. Scott(1992) 모형에서는 안전교육의 원칙에 대한 이론적 근거를 제시하였는데, 안전행동을 올바르게 하도록 하기 위해서는 특히 자기지각이 중요함을 강조한다. 프로그램은 유아발달, 유아교육, 예방심리학의 원리에 기초하여 안전사고가 우리 몸에 미치는 심각성에 대한 문제를 더욱 진지하게 받아들이도록 하고 있다. 또한 유아가 자기 자신의 효능감에 대한 인식을 증가시키고 인과관계에 대한 더 많은 이해를 통해 안전행동에 대한 올바른 인식을 증진할 수 있도록 하는 데 목적이 있다. 이 교육 프로그램은 학습을 증진하기 위한 강화기법으로 행동적 시연(rehersal), 실습, 상호작용적 요소를 포함하며, 여덟 가지 단원으로 구성되어 있다. 척추와 뇌의 사고에 대한 인식을 통하여 내 몸의 중요성을 인식한 후 자동차안전, 보행자안전, 자전거안전, 놀이안전, 운동안전, 추락 예방, 위험한 물건에 대한 안전, 물에 대한 안전으로 구성되어 있다.

Pickle(1989)의 모형은 유아의 안전 의식을 향상시키기 위한 프로그램으로 10주 동안의 교실 수업으로 구성되어 있다. 실제 연습을 통한 음악, 미술, 언어발달을 위한 활동으로 실행되었고 보행자 안전, 독극물에 대한 안전, 물에 대한 안전 영역이 포함되어 있다. 보행자를 위한 안전 영역에서는 교통 안전지식을 확장하고 이와 같은 지식을 실제 유아가 길을 건널 때 적용하는지를 관찰과 토의를 통해 확인하는 것까지 포함되어 있다. 독극물에 대한 안전 영역에서는 유해한 이물질을 알고 인접지역에서 나는 야생독초와 먹어서는 안 되는 물질에 대한 이해의 폭을 넓히기 위해 토의, 관찰, 복습의 방법을 사용하였다. 물에 대한 안전 영역에서는 혼자서는 물에 들어가지 않기, 물에 들어가기 전에는 반드시 준비운동을 하기 등과 같은 물과 관련된 안전지식을 넓히고 부모에게 검사지를 보내어 유아의 물에 대한 안전지식을 활용하였다. 교사에게는 안전문제와 관련된 지식을 설문 조사하여 유아의 안전 교육프로그램의 효율성을 높이고 있다.

Clark와 Simmons(1986)의 모형은 게임식의 안전 수업을 통해 가정에서의 안전(home safety)개념을 집단에서의 경험을 통하여 가르쳐 주기 위한 교육프로그램이다. 안전에 대한 실제 연습과 불에 대한 안전, 물에 대한 안전, 위험한 물건, 이물질 흡입 간의 원인과 결과의 연결 형성을 돕기 위한 구체적인 교육경험을 강조하였다. 유아는 교사의 선택에 따라 유치원 정규 프로그램의 맥락 내에서 이루어졌다. 유아기 안전사고의 3분의 2는 가정에서 일어나고 있을지라도 유아기 집단경험을 통하여 유아에게 가정안전 개념을 가르치려고 활용하는 교육과정은 거의 없다. 가정에서의 유아기 사고를 줄이기 위한 대부분의 노력은 부모교육에 초점을 두고 있다. 우선 전기소켓커버 같은 소극적 안전장치를 이용하도록 하고 다른 안전사고를 경계하도록 부모를 격려하는 것이다. 유아는 환경에 대한 사고통제를 하지 못하고 성냥을 갖고 놀거나 보호자 없이 수영하는 행동으로 안전사고를 일으키는 경우가 많다. 직접교수는 위험한 행동에 대항해서 자기-통제를 잠재적으로 이끌게 된다. 비상사태에 유아가 정해진 절차를 따르는 것을 아는 것은 중요한데, 유아를 가르치는 데 있어서 부모의 행동을 변하게 함으로써 유아에게 간접적인 영향을 미치는 방법도 있다. 이 모형은 구체적인 교육적 경험을 이용하여 개발되었는데, 유아가 안전연습을 통해 안전사고의 원인과 결과를 연결시킬 것이라는 점을 가정하였다. 유아의 안전지식 수준은 이 프로그램에 참여하면서 개선되었는데, 특히 활동에 기초한 전략(activity-based strategy)이 유아기 안전교육에 효과적임을 강조하고 있다. 도출된 각 프로그램 모형의 분석 내용을 정리하면 〈표 3-1〉과 같다.

결론적으로 미국의 유아 안전프로그램은 기본 방향과 목적에서 다양한 안전 영역에 대한 안전교육, 유아 발달이론에 근거한 교육과정의 구성을 강조한다. 또한 방법에 있어 구체적인 활동을 통한 안전기술의 습득, 다양한 교수자료를 통한 반복적이고 체계적인 안전교육의 필요성에 초점을 맞추는 경향을 보인다. 유아가

〈표 3-1〉 미국 안전프로그램 모형의 분석 내용

출처	구분	내용
아동위원회 (1991)	기본방향	• 유아의 충동적이고 공격적인 행동을 감소시키고 동정심, 충동 조절, 분노 관리와 같은 기술을 습득하여 사회적 능력을 향상 • 문제 해결 훈련(인지적, 문제 해결을 위해 무엇을 해야 하는지 아는 것)과 행동 기술 훈련(행동 강령, 문제 해결 방법을 아는 것) • 각각의 교육은 토론에서 사용되는 질문이 있는 이야기에 동반되는 사진 구성
	교육목적	• 타인의 감정, 관점 및 감정이입능력 향상하기 • 사회적 갈등에 문제해결전략 적용 • 행동적인 사회기술을 연습하기 • 분노의 감정을 인지하고 감소 기술 익히기
	교육내용	• 감정이입 훈련 • 충동 조절 • 분노 관리
	교수방법	• 모델링, 연습, 행동 강화 • 이야기 나누기와 토론 • 역할놀이 및 구체적 활동 • 비디오테이프, 사진

Scott (1992)	기본방향	• 안전교육의 원칙에 대한 이론적 근거를 제시, 안전행동을 올바르게 하도록 하기 위해서는 특히 자기지각이 중요함을 강조, 프로그램은 유아발달, 유아교육, 예방심리학의 원리들에 기초하여 안전사고가 우리 몸에 미치는 심각성에 대한 문제를 더욱 진지하게 받아들이도록 구성 • 유아의 자기 자신에 대한 효능감 관련 인식을 증가시키고 인과관계에 대한 더 많은 이해를 통해 안전행동에 대한 올바른 인식을 증진시킴. 안전학습 증진을 위한 강화기법으로 행동적 시연, 실습, 상호작용적 요소 포함
	교육목적	• 등뼈사고와 뇌의 외상사고 예방 • 자기효능감 향상 • 올바른 안전행동에 대한 인식 증가
	교육내용	• 내 몸의 소중함 • 자동차안전 • 보행자안전 • 운동안전 • 추락안전 • 위험한 물건 • 수상안전
	교수방법	• 언어, 신체, 미술, 과학 활동을 통한 교수 • 예행연습, 실습, 토의, 탐구, 역할놀이에 의한 교수 • 동화, 인형, 사진, 실물, 게임, 음률자료, 그림자료

다양한 문제에 대항해서 그들 자신을 어떻게 보호하는가를 배울 수 있다는 증거들이 늘어나고 있다(Bijur, 1991; Coppens, 1986; Curtis & Susan, 1995; Garbarino, 1988; Hoffman, 1994).

미국 안전프로그램의 분석을 통하여 유아의 안전지식 및 행동의 긍정적 변화를 목적으로 교수모형을 설계하였다. 이 프로그램에서 기대되는 효과라고 할 수 있는 목적 및 목표 설정의 단계, 목적 및 목표를 성취하기 위해 유아의 발달 수준에 알맞은 안전 교육내용을 설정하고 조직하는 단계, 선정한 안전 교육내용을 유아가 효율적으로 개념화할 수 있는 활동형태를 파악하는 교수-학습과정 단계로 구성되어 있다. 이를 도식화하면 [그림 3-2]와 같다.

교육목적

- 유아 안전 능력의 긍정적인 변화
- 안전문제 해결사고의 향상
- 안전지식의 증진
- 안전행동 수준의 향상
- 자기효능감 향상
- 올바른 안전행동에 대한 인식 증가

교육내용의 조직

- 교육내용 선정 및 조직: 유아 안전의 내용요소 개념화
- 안전교육 주제의 선정
- 안전교육 내용과 교육주제의 연계
- 교육내용: 내몸의 소중함, 교통안전, 보행자안전 운동안전, 위험한 곳, 위험한 물건, 수상안전, 화재 및 화상안전, 가정안전(전기, 질식, 추락, 독극물), 동물안전

교수-학습방법

- 교수전략: 토의, 모델링, 문제해결, 설명 및 시연, 모의상황, 부모와의 연계 등
- 교수기법: 질문방식, 자료제시, 행동강화, 조절, 성숙한 행동 요구, 감정이입 훈련, 충동 조절 등
- 활동형태: 이야기 나누기, 역할놀이, 견학, 미술활동, 전시, 게임, 동화, 동시 감상, 이야기 꾸미기, 신체표현 등

[그림 3-2] **유아 안전교육을 위한 교수모형**

제4장

안전교육과정

1. 안전교육의 내용

안전교육의 내용은 분류 기준에 따라 여러 가지로 구분될 수 있다. 사고가 일어나는 장소를 기준으로 하면 실내 안전, 실외 안전으로 구분되거나 가정에서의 안전, 시설에서의 안전으로 구분될 수 있으며 사고에 관계되는 어린이의 연령을 기준으로 하면 영아안전, 유아안전, 아동안전으로도 구분할 수 있다.

실제로 유아교육기관에서는 놀이 시설에 의한 사고가 가장 빈번하였고, 다음으로 책상이나 모서리와의 충돌, 높은 곳에서의 추락 사고가 많이 일어나는 것으로 밝혀졌다. 또한 유아교육기관에서 교사들이 주로 실시하고 있는 안전교육의 내용은 대부분의 교사가 교통안전교육(93.8%)을 실시하고 있었으며, 다음으로 놀이 안전, 위험한 장소에 대한 안전, 시설설비에 대한 안전의 순으로 나타났다. 유아가 생활하는 여러 상황에서 유아의 안전을 위협할 수 있는 요인별로 내용을 구분하여 시설과 설비 안전, 놀이안전, 위험한 장소에 대한 안전, 위험 물질에 대한 안전 등을 선정하였다. 이들 내용을 구체적으로 설명하면 다음의 〈표 4-1〉과 같다.

〈표 4-1〉 안전교육 영역별 내용

안전교육 항목		세부적 안전교육 내용
인간의 존엄성 알기		안전사고의 위험성 알기 안전/위험 행동을 알고 안전하게 행동하기 내 몸의 소중함 알기 내 몸을 소중히 다루기 타인의 소중함을 알고 지나친 장난을 자제하기
시설 및 설비 안전		유아교육기관의 시설 및 설비 가정의 시설 및 설비 승강기와 에스컬레이터 전기 안전 가스 안전
놀이안전		안전한 놀잇감과 위험한 물건을 구별하기 안전한 놀잇감 선택하기 놀이 규칙을 지키기 안전한 장소에서 놀이하기
교통안전	보행안전	안전한 보행 안전한 도로 횡단 교통신호와 교통안전 표지 알기
	자동차안전	교통수단의 안전한 이용 교통신호와 교통안전 표지 알기 안전한 곳에서의 놀이하기 교통사고 시 대처 방법 알기
위험한 장소에 대한 안전		추락 사고에 대한 안전 넘어지거나 미끄러짐에 대한 안전 기타 여러 장소에서의 안전
위험한 물질에 대한 안전		유독성 물질에 대한 안전 이물질 흡입에 대한 안전 독극물이나 세제류
음식안전		식중독에 대한 안전 유통기한 확인 음식을 섭취하기 전에 손을 청결히 씻기
신변 안전		유괴에서의 안전 미아사고에 대한 안전 성폭력에 대한 안전
환경 및 자연재해에 대한 안전		물오염에 대한 안전 대기오염에 대한 안전

환경 및 자연재해에 대한 안전	토양오염에 대한 안전 자연재해에 대한 안전
동물이나 곤충에 대한 안전	애완동물에 대한 안전 벌이나 곤충에 대한 안전 기타 동물에 대한 안전
화재 및 화상에 대한 안전	화재의 원인과 예방 화재 시의 대피 방법과 대피 훈련 화재 시의 대처 방법과 소화기의 사용 화재 신고하기 열, 화학약품, 전기에 의한 화상의 원인과 예방
운동안전	자전거 안전 롤러스케이트, 롤러브레이드 등의 안전 물놀이안전

유아를 위한 안전교육은 일상생활 속에서 유아 스스로의 경험을 통하여 안전과 관련된 지식과 태도, 기술 등을 형성할 수 있도록 실시해야 한다. 이를 위해 교사는 우선 유아의 경험과 발달 특성에 맞게 안전교육으로 다루어야 할 내용들을 선택하고 다른 생활영역과 관련지어 교육활동을 계획해야 한다. 교육활동에 필요한 교육자료나 교수 매체는 안전교육에 맞게 선택해야 하며 필요한 경우 고안해야 한다.

유아가 교육활동의 목표와 내용을 이해하고 배울 수 있도록 교사는 다음과 같은 점들을 고려해야 한다.

- 안전교육 활동은 유아에게 흥미를 줄 수 있고 유아의 경험, 생활과 관련이 있어야 한다.
- 안전교육 활동은 유아에게 성취감을 줄 수 있으면서 도전적인 것이어야 한다.
- 안전교육 활동 시 유아가 자신의 경험과 교육활동을 관련지을 수 있도록 유아에게 충분히 생각할 시간을 주어야 한다.
- 안전교육 활동은 또한 유아의 흥미와 관심에 따라 융통성 있게 실시되어야 한다.

즉, 유아의 관심사에 따라 교사는 계획을 바꾸거나 새로운 교육활동을 만들어야 한다. 유아의 흥미에 따른 다른 교육활동들도 교사는 미리 생각하고 계획해야 한다. 또한 안전교육 활동은 대상 유아의 연령과 특성에 따라 적절하고 융통성 있게 이루어져야 한다.

안전교육 활동은 언어, 수, 과학, 사회 등 분리된 영역으로 실시되는 것이 아니라 아동발달 모든 영역이 포함되는 교육활동이어야 한다. 이러한 학습방법은 하나의 주제를 선정한 다음 그 주제에 관련된 여러 가지의 상황이나 활동을 연관시키는 것이다. 즉, 이야기 나누기, 여러 가지 흥미 영역에서의 실내 자유 선택 놀이, 노래 부르기, 동작 활동, 간식 및 점심시간, 화장실 가기, 바깥 놀이, 동화 듣기, 역할 놀이, 게임, 실험하기, 견학 등의 활동을 통해 안전교육의 내용을 통합적으로 가르치는 것이다.

주제를 선정하고 통합적인 접근 방법으로 학습할 때 유아들은 안전한 생활을 하는 데 필요한 지식을 여러 활동에서 직접, 간접적으로 배우게 되며 필요한 기술을 배우고 적용하며 태도를 기를 수 있게 되는 것이다.

교육의 가치는 유아가 스스로 의미 있는 경험을 했다고 인식하는 데서 찾을 수 있다(박찬옥, 1999). 유아가 호기심과 기대를 가지고 온 마음을 다하여 교육활동에 참여할 때 유의미한 교육이 이루어질 수 있다. 유아에게 안전지식, 태도 및 기술이 유의미한 경험이 되기 위해서는 한 가지 교수방법보다는 다양한 교수접근이 필요하다. 안전교육에서의 초점은 바로 유아이므로 교사는 먼저 유아의 요구, 신체적 특성, 정서 등의 모든 점을 잘 이해해야 하며 안전교육 프로그램 속에 유아의 지적, 신체적, 정서적인 활동으로 포함시켜서 실행하여야 된다.

안전에 있어서 효율적인 교육방법은 유아교육의 다른 영역에서의 효율적인 교육방법과 일맥상통한다(Bedworth & Bedworth, 1978). 유치원 장면에서 안전과 관련수업을 설계할 때 안전 교육과정은 Piaget(1965)와 Gelman(1978)의 교육적 가설에 근거를 둘 수 있다. Piaget의 연구에서 특히 중요한 것은 2~7세까지의 사고과정을 지배하는 전 조작기에 알맞은 학습경험에 대한 이론이다. 특히 Piaget는 이

단계의 유아는 구체적인 사물의 조작으로 그들의 환경을 이해하기 위한 적극적인 노력을 한다고 보았다. 인과 관계에 대한 이해 또한 유아가 안전을 이해를 하는 데 중요한데, Gelman은 3~4세의 유아조차도 원인을 결과에 연결하고 인과관계 원칙에 근거하여 정확한 예측을 한다고 보았다.

교수방법을 구분하는 데 중요한 준거가 되는 것은 교수-학습의 목적, 내용, 방법으로 이어지는 논리적 부수 관계를 준거로 삼을 수 있는데 강낙근(1997), 박성익(1997), 유광찬(1997), 이성호(1999) 등의 분류에 근거하여 유아 안전교육의 방법을 설명 및 시연, 토의, 문제해결, 역할놀이, 모델링, 시뮬레이션으로 분류해 보았다.

1) 설명하기 및 시연하기

직접적인 안전교육 방법은 행동변화에 중점을 둔 것으로 교사가 유아에게 직접 설명하거나 시범 보이기, 현장견학, 예행연습, 실행연습, 반복학습과 같은 형태로 이루어지는 교수의 형태다.

어떠한 사실을 직접 설명하거나 시범 보이기, 현장 견학 등의 교수방법은 유아가 안전에 대한 정보를 획득하는 데 도움을 주게 되며 연습이나 반복적인 훈련을 통한 교수방법은 유아가 안전기술을 익히는 데 유용한 방법이 될 수 있다. 과정시범(process-demonstration)은 구두 설명이나 시범을 통해서 과정을 순차적으로 설명하여 줌으로써 유아는 같은 과정을 재연하기 전에 안전행동과 관련된 이해를 하게 된다. 이는 안전 관련 과제를 수행함에 있어 안전기술을 가르치는 데 효과적이다. 실행연습(practice)은 학습을 강화하는 데 더욱 유용한데, 이는 유아가 주어진 안전문제를 단계적으로 반복함으로써 더욱 확고히 학습해 나갈 때 교사의 직접적인 도움으로 실제 행동을 몸에 익혀 나가게 된다. 연습과 반복학습은 유아가 자동적으로 기억을 회상하고 상황에 반응하는 행동을 하는 데 도움을 준다.

직접적인 안전교육(direct safety instruction)은 안전과 관련된 주제에 따라 시간을 정해 놓고 직접설명을 하는 것인데, 요일별 혹은 시간별로 안전교육의 시간을 할

애하여 활동하게 된다. 생활주제와 직접 관련이 있을 수도 있고 관련이 없을 수도 있으나 유아에게는 시연과 연습을 통해 행동으로 따라해 볼 수 있는 기회가 될 수 있다.

행동적 프로그램인 시연(rehersal)의 교육방법은 안전의 강력한 훈련에 도움이 된다(Ast, 1995)는 것이 밝혀졌다. 시연의 방법은 화재에 대한 안전교육, 가정에서의 안전 및 보행자 안전기술을 학습하는 데 매우 효과적인 것으로 나타났는데(Jones & Haney, 1981; Peterson & Mori, 1985; Rosenbaum & Drabman, 1981; Yeaton & Bailey, 1979), 이를 통해 유아의 비상상황에 대한 올바른 인식이 증가되었다. Scott(1992)는 놀이, 운동, 자동차, 보행자, 위험한 물건, 물에 대한 안전학습을 강화하기 위한 방법으로 강화, 시연, 실제 연습을 반복적으로 상호 작용하여 올바른 안전행동에 대한 인식을 증진시켰다고 하였다.

직접적인 교육방법은 위험한 행동들에 대하여 유아 스스로 통제하는 능력을 기르게 된다. 비상사태에 직면했을 때 유아가 정해진 절차를 따르는 것을 아는 것은 중요한데 교사에 의한 설명, 시범, 시연 등 행동적 프로그램들은 유아가 위험스러운 여러 문제에 직면했을 때 자신을 어떻게 보호하는가를 배울 수 있다(Coppens, 1986; Curtis & Susan, 1995; Garbarino, 1988; Hoffman, 1994)고 한다. 그러나 유아 안전교육에서 직접적인 교육방법은 새로운 주제나 단원을 도입하는 데 효과적이고 유아의 생활 주변에서 다루어지지 않는 사실을 전달해 주거나 이해하기 어려운 사항을 보충해 주는 데는 유용하지만, 유아 스스로 사고하는 습관의 훈련이나 문제해결의 기회는 충분히 주지 못하여 유아의 자발성과 능동성을 제약한다는 점에 유의해야 한다.

2) 토 의

유아 안전교육에서 직접적인 방법은 정보의 전달이나 설명을 해 주고자 할 때는 효과적이지만 문제해결 기능을 활용하는 데는 제한점이 있다. 반면 토의는 특정 주제에 대하여 언어적 또는 비언어적 방법을 사용하여 서로의 의견을 교환함으로써 문제를 해결해 가려는 것(강낙근, 1997)으로, 토의에서는 이미 제시된 것을 단지 반복하는 것이 아니라 유아가 개인적인 생각을 적극 표현하도록 한다. 토의법은 공동학습의 한 형식으로, 유아는 토의에 참가함으로써 자신의 생각을 정리하고 타인의 생각을 알게 되며, 안전과 관련이 있는 갈등 상황(갈등에 대한 문제해결 과정)에서의 문제를 파악하여 생각을 함께 나누고 자신과 다른 사람들에 대한 이해를 증진시키게 된다.

교사는 안전과 사고예방과 관련된 어떠한 기본적 개념, 사실, 규칙을 가르치기 위해 상황학습을 이용하는 경우가 많다. 지역사회에서의 심각한 자동차 사고는 교통안전과 관련된 토의를 할 수 있으며, 화재사고는 화재예방에 대해 토의할 기회를 준다. 독극물의 흡입으로 인한 친구의 입원은 독극물질의 위험성에 대해 학습하는 것에 많은 흥미를 자아내게 된다. 유아는 세분화된 학습경험의 필요성과 흥미를 인지할 때 행동에 더욱 많은 영향을 받게 되므로 대부분의 유아교육기관에서 보편적으로 행해지고 있는 안전교육에 대한 이 방법은 어떠한 연령이나 학년수준에서도 찾아볼 수 있다. 유아의 궁금증과 관심은 흔히 유치원 환경에서의 행동으로 이어지게 된다. 유아의 호기심 많은 성향은 다양한 유형의 우연적 학습상황에 대해 천성적으로 열려 있다.

주제에 따른 안전교육은 소주제에 따른 안전수업이 이루어지게 된다. 예를 들면, '우리의 이웃' 이라는 주제에서는 경찰서와 소방서의 역할에 대한 토의가 포함될 수 있고 이는 교통안전, 보행자안전, 자전거안전, 화재안전에 대한 토의를 이끌 수 있다. 이러한 방법을 통해 유아는 안전에 대하여 더욱 확장된 관계의 통합을 이해하게 된다. '유치원에서의 놀이' 라는 주제에서는 놀이활동과 관련된 사고의 가능성에 대해 토의할 수 있으며, 놀이기구의 올바른 사용법을 학습하고 알맞은 시간 동안 적당히 사용하는 습관을 배울 수 있다.

Pickle(1989)은 독극물에 대한 안전에서는 먹어서는 안 되는 물질, 불에 대한 안전 영역에서는 소방서의 역할 알기 등에 대하여 토의기법을 사용하여 유아의 안전의식을 확장하였다.

이와 같은 토의를 통한 안전교육은 공동학습의 한 형식으로서 학습인지적인 측면에서 유아가 타인에게서 새로운 정보를 획득하고 배우는 기회를 제공하며, 집단 구성원 간에 이야기를 주고받는 동안에 같은 문제에 대해서도 사람에 따라 여러 가지 의견 차가 있음을 인식할 수 있게 된다. 또한 타인을 이해하는 기회가 될 뿐만 아니라 자기 혼자만으로는 해결하지 못하거나 미처 생각하지 못했던 문제에 대해서도 관심을 갖게 됨으로써 학습의욕이 더욱 강화될 수 있으며 협력과 타인에 대한 존중과 같은 안전과 관련된 기능과 태도를 길러 줄 수 있다. 반면 토의법은 말로 진행되고 유아 개인이 아니라 집단에 의한 의사소통의 형태로 진행되기 때문에 특정 안전주제에 대하여 관심이 없는 유아가 있을 때 교사는 유아의 흥미를 유발하고 관심을 이끌어 내도록 해야 효율적인 토의가 될 수 있다. 또한 토의는 상호 역동적으로 이루어지는 수업형태이기 때문에 인지적, 언어적으로 발달수준이 낮은 유아는 토의에 적극적으로 참여할 수 없으므로 교사는 이에 대한 세심한 배려를 해야 한다.

3) 문제해결

유아 안전교육에서의 문제 해결식 교육방법은 유아의 논리적 추론 능력을 길러 줌으로써 안전문제 해결사고와 능력을 길러 주고자 하는 것으로 탐구식 교수방법이다. 여기에서 탐구란 현재 당면한 중요한 문제에 대해 반성적으로 검토(reflective examination)하는 것이며(김호권, 1988), 지식의 구조를 이루는 기본 개념과 그 관계를 이해하고 문제를 해결하기 위한 지적인 활동으로서 타당한 해결책을 찾아내기 위하여 수행하는 논리적인 사고과정 또는 방법(박성익, 1994)이라고 할 수 있다. 문제해결의 가설적 해결책을 세워 그것을 중심으로 한 토의가 곧 탐구활동의 초점이 되어야 한다.

안전하게 해결해야 하는 문제 상황을 파악해 보고 해석하며 일반화하는 문제해결과정은 유아의 인지 및 사고과정을 발달시킨다(방인옥 외, 1999). 흔히 탐구학습과 비슷한 교수전략으로 발견학습(discovery learning)이라는 측면을 강조하는 경우도 있는데, 이는 유아 스스로 발견하도록 조장하는 것으로 나중에는 교사가 없어도 혼자서 해결해 나가는 것을 의미한다. 유아 스스로 여러 위험 관련 갈등상황에서의 다양한 해결방법을 모색함으로써 문제 해결력을 길러 주게 된다. 유아 안전교육에서의 문제해결 방법은 안전을 요구하는 다양한 문제 상황을 다룰 때 가능한 안전반응 대안을 이용하고, 이러한 여러 대안 중 가장 안전한 반응을 선택할 가능성을 증가시켜 주는 과정으로 활용할 수 있다.

Hughes(1992)는 네 개의 비디오를 통하여 음식안전에 대한 수업을 진행하였는데, 각 비디오의 중요한 장면 중에서 음식과 관련된 갈등상황을 제시하고 해결책을 유추하도록 함으로써 유아가 직접 경험하지 않은 가설상황에서의 문제해결 능력을 향상시키는 경험을 제공하였다.

Izzoni(1989)는 환경교육의 내용 중에서 깨끗한 물의 중요성에 대한 탐구과정에서 유아에게 적합한 방법으로 물의 오염에 대한 실험과정을 거치며 왜 물이 오염되었는지, 어떻게 하면 오염된 물을 깨끗한 물로 환원시킬 수 있는지, 이를 위해서 우리가 할 수 있는 일에는 어떠한 것이 있는지 등에 대한 문제해결 과정 경험을 제공하였다.

교사주도의 교수전략이 유아의 창의성 개발을 저해하고 유아가 현실 문제를 기피하게 만드는 반면, 이상에서 살펴본 유아주도의 문제해결 전략은 유아가 자율적으로 현실의 각종 안전관련 문제에 직면할 수 있는 기회를 제공한다. 교사주도의 교수전략은 유아가 교사에게 무조건 순종해야 한다든가, 정답을 찾아야 한다는 묵시를 주기 때문에 유아-유아, 유아-교사 간의 의사소통을 감소시킨다. 그러나 문제해결 전략은 유아 자신에게 문제해결의 주도권을 주게 됨으로써 심리적 위협을 느끼지 않게 하는 장점이 있으며, 유아의 동기를 유발하여 유아 스스로 적극적이고 능동적으로 활동에 참여하게 함으로써 자발적이고 공동의 지식을 구성해 가는 경험을 얻도록 하고 갈등상황에 대하여 다양하면서도 안전에 근거한 문제해결 능력을 신장시킬 수 있다. 반면, 문제해결 과정에 동기유발이 부족하다거나 제한적인 인지발달로 인하여 공동의 지식 구성에 어려움을 갖는 유아를 위해서는 더욱 적극적이고 적절한 수준에서 교사의 역할이 요구된다.

4) 역할놀이

역할놀이는 타인의 역할을 경험해 봄으로써 자신과 타인을 이해하는 데 도움을 주는 극화된 놀이활동이다. 역할극에서는 참여자와 관찰자 모두가 서로의 느낌을 탐색하고 태도, 가치를 통찰하며 문제해결의 기능과 태도를 습득하게 된다(이성호, 1999). 특히 문제해결 기능에서는 문제규명 능력, 대안창출 능력, 대안 평가 능력, 대안에 대한 경험과 그것에 기초한 선택결정 능력 등을 습득할 수 있는 기회가 된다.

역할놀이는 유아가 다양한 역할을 수행해 보게 하여 자신과 타인의 행동과 태도를 이해하고 경험하도록 할 뿐 아니라 자신의 행동과 태도를 재조정하도록 하는 교수방법이다. 역할놀이 수업모형은 유아에게 구체적인 문제 상황을 실제로 경험해 볼 수 있는 기회를 마련해 주고 유아에게 스스로 지닌 가치나 의견을 좀 더 분명히 깨닫게 하고 어떻게 타인의 행동에 영향을 미치는가를 더 잘 이해할 수 있도록 도움을 주기 위해 사용된다. 역할놀이는 유아의 관찰력, 의사결정, 문제해결 능력, 의사소통 기술 등을 기르는 데 효과적인 방법(서울시교육연구원, 1996)으로 유아는 역할놀이를 통하여 위험상황에 대한 인과관계를 배워 나감으로써 안전기술을 습득하게 된다.

안전과 관련된 역할놀이를 통해 유아는 자기중심적 사고에서 벗어나 다른 사람의 관점을 이해할 수 있으며 생활 주변에서 일어날 수 있는 다양한 위험 상황에 대해 자발적으로 문제를 해결할 수 있고 새로운 안전행동이나 기술을 습득하게 된다.

Clark와 Simmons(1986)는 역할놀이를 겸한 게임형태로 운영하는 안전수업을 통하여 사건의 인과관계에 대한 이해를 높이고 가정에서의 안전개념을 향상시켰다. Freda(1994)는 아동 학대 예방 훈련을 반복적으로 제공했는데, 3~10세 아동을 대상으로 비디오를 따라 하는 역할놀이를 통해 학대 예방기술을 습득하도록 하였다.

역할놀이는 유아의 생각 · 태도 · 행동을 이해할 수 있는 기회가 되지만 유아의 참여 의욕에 따라 역할놀이를 통해서 얻는 또는 나타나는 태도변화는 좌우될 수 있다. 그러므로 유아가 안전 관련 주제에 대한 강력한 동기를 유발할 수 있도록 하는 것이 필요하다.

또한 역할놀이는 대인관계에 관련된 학습 과제에 적합하다. 즉, 대인관계의 느낌, 태도, 기능 등이 필요한 교수-학습내용에 적합하므로 낯선 사람에 대한 안전 태도, 성적학대 예방을 위한 안전기술을 습득하는 데 유용하다.

5) 모델링

인간 행동은 직접적인 경험을 통해서 학습될 뿐만 아니라 다른 사람(모델)들의 경험을 관찰함으로써 습득되고 또 촉진될 수 있다(Bandura, 1977). 유아는 주변에 있는 사람들 또는 매스컴을 통하여 사람들의 언행을 관찰하면서 태도를 형성하고 변화시키게 된다. 부모, 교사, 친구, 텔레비전의 등장인물, 유명인사 등이 모델링의 대상인물이 되므로 모델링을 통한 태도학습 내지는 변화의 잠재적 가능성을 예상할 수 있다. 간접적인 안전교육 방법인 모델링은 간접강화를 통해 안전에 대한 태도학습을 촉진시킬 수 있다. 모델링에서 간접강화란 관찰자에게 모델의 행동에 후속되는 결과를 목격하게 하여 유아의 태도학습을 촉진시키는 기능을 가지고 있으며 유아가 안전태도를 실제 또는 가상 모델의 행동을 관찰함으로써 학습하는 데 그 초점을 둔다. 즉, 모델링 학습에서는 관찰이 직접적인 학습경험을 대치한다는 것이다.

모델링 학습에서는 모델링 자극을 상징적으로 표현하는 인지과정을 통해 태도가 습득된다고 본다. 상징적 표현(영상적 또는 언어적)은 관찰자가 자신의 머릿속에 모델의 행동을 연상으로 또는 언어화하여 남게 하는 것이며, 또 이것을 실제 행동으로 옮기는 중개적 역할을 한다. 모델의 행동에 대한 상징적 표현, 다시 말해 영상적 또는 언어적 표상을 실제 옮기는 과정이 간접적 강화에 의해서 촉진된다는 것이다. 모델의 행동이 일단 관찰자의 내재적 영상으로 남게 되면 이 영상은 오랫동안 지속된다.

Ast(1995)는 모델링이 안전행동의 연습에 많은 도움이 된다고 하였는데, 유아는 화재에 대비한 대피 훈련을 통하여 화재에 대한 안전행동을 습득하였으며, 가정에서의 안전기술, 보행자 안전기술을 학습하는 데 매우 효과적이라고 하였다. 그러나 안전교육에서 교사는 기계적인 시범을 보이거나 그에 대한 유아의 단순한 모방으로 그치지 않고 지속적인 관찰을 통하여 내면화할 수 있도록 세심한 주의를 기울여야 한다.

6) 시뮬레이션

안전교육의 실제에서 당면하고 있는 문제 중의 하나는 습득된 지식과 지식의 활용 사이에서 생기는 간격을 어떻게 좁혀 나가느냐 하는 것이다. 특히 태도의 변화까지도 이끌어야 하는 유아 안전교육에서는 설명이나 훈화에 의한 일방적인 전달 방법으로는 안전교육의 목표를 달성하기 어렵다. 유아는 문제 상황에 직접 참여하고 행동의 결과를 경험할 수 있는 기회를 가짐으로써 안전을 위한 올바른 태도를 형성할 수 있다. 이는 실제와 유사한 상황을 유아에게 제공하여 유아 스스로 행동하도록 요구하며, 다양한 상황에 처했을 때 다른 해결방법을 모색해 볼 수 있는 기회를 주게 된다.

실제 상황에서는 유아에게 위험이 수반되므로 시뮬레이션은 실제와 가장 유사한 상황에서 직접 경험을 쌓게 함으로써 안전과 관련된 여러 분리된 경험을 유아들이 통합해 가는 데 도움을 준다. 상황적 시뮬레이션기법(situational simulation)은 실제와 유사한 상황을 유아에게 제공하여 유아가 행동하도록 요구하는데, 유아는 교사의 설명이나 시연 등의 일방적인 관계를 벗어나 현실과 근접한 모의상황에서의 연습을 통하여 실제 현장에서 우연하게 발생할 수 있는 돌발사태에서 유아가 안전행동을 하도록 기대하게 된다. 여러 가능한 상황에서의 바람직한 행동에 대한 무의식적인 연습을 통하여 유아가 예상되는 돌발 사태에 대한 이해를 높이고 궁극적으로 다양한 문제해결 능력을 기르고자 함이다.

모의 상황하에서의 안전행동 학습은 위험의 요소가 있을 수 있는 실제 상황과 유사한 경우의 경험을 통하여 안전하게 여러 행동을 시연해 볼 수 있으며, 실제 행동을 해 봄으로써 학습의 전이도를 높이는 효과가 있을 수 있다. 또한 안전학습 과정에 능동적으로 참여하여 현실 감각을 부여하고 학습동기를 격려할 수 있는 반면 모의된 상황을 설정할 때는 현실의 상황과 얼마나 유사하게 구성했는가가 유아의 안전학습 결과에 관건이 될 수 있으므로 이에 유의하여야 한다.

유아의 교통 안전행동의 형성을 위하여 교통공원에서의 직접적인 체험을 통한 교육이 우리나라에서 볼 수 있는 대표적인 모의상황 기법이라고 볼 수 있다. 교통공원에서는 교통표지판, 신호등, 육교, 터널, 차도 등을 소형화(miniature)하여 유아가 신호등의 지시에 따라 직접 횡단보도를 건너고, 육교를 건너며, 터널을 통과하게 하여 교통과 관련된 지식과 기술을 익히고 교통안전 태도를 형성하도록 한다.

Rosenbaum과 Drabman(1981)은 유아가 화재와 같은 비상상황에 알맞게 대처하는 행동을 익히도록 반복적인 훈련을 실시하였는데, 이러한 훈련 결과로 유아는 비상상황에 대한 대처 행동 능력이 향상되었다고 한다. 유아 안전교육은 사고예방에 대한 교육이므로 예상되는 다양한 위험상황에 대한 모의연습을 통한 체험적인 학습의 기회의 폭을 넓힘으로써 유아에게 유의미한 학습 경험을 제공해야 할 것이다.

이제까지 살펴본 것을 종합해 보면, 결국 유아를 위한 안전교육은 유아가 교과목을 통하여 그들의 세계에서 분리된 내용을 배우기보다는 평소에 경험하는 상황을 통해서 필요한 지식, 태도, 기술 등을 통합적으로 배울 때 더욱 효과적인 학습이 이루어진다고 볼 수 있다.

다시 말하면, 일반적인 안전 정보를 자신의 안전지식으로, 안전지식에서 안전태도의 형성과 안전기술의 습득으로 전환하기 위해서는 유아가 유아교육기관에서 하루 일과를 보내는 동안 경험하게 되는 여러 가지의 상황이나 활동을 통하여 안전 경험을 할 수 있도록 해야 된다. 다양한 활동의 형태, 즉 이야기 나누기, 여러 가지 흥미 영역에서의 실내 자유선택 놀이, 미술 및 표현 활동, 음악, 수학, 읽기, 신체활동, 과학활동, 창의적 동극 등과 같은 활동에 기초한 직접적인 활동 그리고 여러 종류의 인형, 게임, 노래, 책, 사진, 관련인사의 초청 등의 다양한 교수자료를 이용하여 또래와의 집단경험이 될 때 비로소 유아에게 유의미한 학습경험이 될 수 있음을 알 수 있다.

또한 유아에게 지식이나 기술, 태도 등을 경험하도록 할 때는 안전 주제에 따라 직접적인 설명이나 시연, 간접적인 모델링, 집단적인 토의, 소집단 형태의 역할놀이나 문제 해결식 접근 방법들이 가장 효율적인 교수방법으로 행해져야 한다. 즉, 유아 안전에서 교사는 특정한 한 가지 교수방법이 아닌 다양한 유형의 교수방법을 통하여 통합적인 활동을 실행해야 한다.

이제까지 살펴본 안전교육 방법을 Bredekamp와 Rosegrant(1992)가 제시한 내용에 적용하여 제시하면 〈표 4-2〉와 같다.

〈표 4-2〉 안전교육에서의 교수행동 연속체

<table>
<tr><td rowspan="8">비지시적
(nondirective)
↑
중재적
(mediating)
↓
지시적
(directive)</td><td rowspan="8">역할놀이 모델링 탐구 시뮬레이션 토의 설명·시연</td><td>인정하기(acknowledge)</td><td>유아가 활동에 참여하는 것을 긍정적으로 격려하기</td></tr>
<tr><td>모범 보이기(model)
내면적 모델링</td><td>암시나 자극, 코칭 등을 통해 유아에게 바람직한 행동을 보여 주기</td></tr>
<tr><td>촉진하기(facilitate)</td><td>유아가 다음 단계의 수준으로 향상하도록 일시적인 도움을 주기</td></tr>
<tr><td>지원하기(support)</td><td>유아가 다음 단계의 수준으로 향상하도록 기능적인 도움을 주기</td></tr>
<tr><td>지지하기(scaffold)</td><td>유아가 활동을 수행하는 데 도움을 주거나 도전의 기회를 마련해 주기</td></tr>
<tr><td>함께 구성하기(co-construct)</td><td>구조물 만들기와 같은 과제나 문제에 유아와 함께 협동적으로 작업하기</td></tr>
<tr><td>시범 보이기(demonstrate)
외향적 모델링</td><td>유아가 결과를 지켜볼 수 있도록 활동에 참여하거나 직접 행동을 나타내 보기</td></tr>
<tr><td>지도하기(direct)</td><td>유아의 행동을 직접적으로 지도하기</td></tr>
</table>

2. 교수전략 및 교사의 역할

1) 교수전략

교수전략이란 교사가 자신의 교육목적을 실행으로 옮기기 위해 시도하는 다양한 접근방식을 지칭한다(Dopyera & Dopyera, 1987). 교사가 효과적인 교수전략을 결정하고 적용할 수 있는 능력은 교육과 효과를 예측할 수 있는 중요한 요인이다. 그러므로 유아 안전교육 프로그램에서는 유아의 안전 능력을 증진시키기 위하여 다음과 같은 교수전략을 사용해야 한다.

- 교사는 문제해결을 위한 다양한 대안적 사고를 모색하도록 유아에게 안전한/안전하지 않은 행동에 대해 '어떻게 하면 좋겠니?' '안전한 또 다른 방법은 없을까?' 와 같은 개방적 질문기법을 사용한다.
- 교사는 원인과 결과에 대한 인지적 연결을 위하여 '안전하지 않은 행동을 하면 어떤 일이 일어날까?' 와 같은 유형의 질문을 함으로써 유아의 반성적 추론작용을 자극한다.
- 교사는 안전교육의 내용에 각각 적절하게 다양한 소품과 교수자료를 사용하여 유아의 흥미를 유발하고 안전의 중요성에 대한 동기를 부여한다.
- 교사는 시연(rehearsal)과 반복적인 연습을 통해 안전한 행동과 안전하지 않은 행동의 인식을 명확히 하며 안전행동을 습관화하도록 한다.
- 교사는 가정으로 보내는 통신문을 통해 현재 유치원에서 행하여지고 있는 안전교육의 내용에 대해 부모들을 인지시키고 그러한 안전교육 내용을 가정에서도 연계하여 실시하도록 한다.
- 현장관찰과 현장학습을 통해 유치원에서뿐만 아니라 실생활에서의 안전학습을 도모하여 실제 상황에서의 대처방안에 대한 모색을 격려한다.

• 교수자료로는 줄인형, 역할놀이, 그림자료, 게임자료, 콜라주, 색칠하기, 움직이는 그림자료, 신호판 표지, 실제 사진자료, 다양한 동화자료, 동작자료, 동시자료, 동극자료, 실물, OHP, 가정통신문 등 유아교육 활동에 알맞은 다양한 형태의 교수자료를 사용해야 한다.

유아의 안전능력을 향상시킬 수 있는 활동은 교수자료를 중심으로 구성할 수도 있고 교수자료 없이 교수전략을 중심으로도 구성할 수 있다. 교수자료를 미리 구성할 경우에는 안전능력 발달을 위한 교수 내용 요소를 반영하여 이를 가장 잘 나타낼 수 있는 자료형태로 제작하는 것이 필요하다.

2) 교사의 역할

유아는 안전사고에서 자신을 보호하고 방어해 주는 성인에게 의존하게 된다. 유아기에는 시행착오 혹은 관찰만을 통해서 혼자 안전에 대해 학습하는 것이 아니라 끊임없이 안전에 대해 가르쳐 주고 사고예방에 개입하는 부모, 교사, 다른 사람들에 의해 안전에 대해 배우게 된다. 그러므로 부모와 교사는 유아의 안전을 중재하고 유아의 신체적 안전을 최대한으로 유지하는 것이 바로 자신들의 중요한 역할이라는 것을 인식하여야 한다.

결국 유아 안전사고의 예방은 아동, 부모, 양육자, 교사, 그 밖의 다른 성인과 환경 그 자체를 포함한 다양한 측면에 둘러싸인 사회적-상호작용적 환경 내에서 가능하다. 유아가 생활주변에서 안전의 위험성을 인식하며 위험을 극복하거나 제거하도록 도움을 청하는 방법을 몸에 익힐 수 있도록 해야 한다. 이를 위해서는 유아기에 안전지식, 태도, 기술이 자리 잡고 이것이 습관화되어 안전하게 행동하고, 이러한 안전행동이 성인기의 행동으로까지 이를 수 있도록 교사와 부모는 책임을 수행해야 할 것이다. 그러나 교사와 부모들은 훈련이 부족하며 안전교육의 기회를 간과하거나 인식하지 못하는 경우가 많고 안전실제에 대한 지식도 없는 경우가 많다.

교사의 안전에 대한 투철한 의식과 부모교육을 통한 가정과의 연계가 유아의 안전행동을 올바르게 할 수 있는 지각을 증진시키고 일상생활에서 몸에 익히도록 하는 데 더욱 효율적이다. 그러므로 안전교육이라는 것은 유아기에서만 그칠 것이 아니라 유아기부터 시작하여 계속적으로 이루어져야 한다. 안전지식, 기술, 태도에 관한 유아기의 안전교육은 전인발달의 맥락에서 통합적, 총체적으로 이루어져야 하므로 부모와 교사는 유아의 안전능력을 촉진시키기 위해 안전훈련을 시도하기보다는 먼저 안전한 환경을 마련해 주고 교사-부모-유아 간의 상호작용이 잘 이루어지도록 하면서 동시에 유아 자신이 주도적으로 사고하고 활동함으로써 안전과 관련하여 바람직한 행동을 하도록 도와주어야 한다.

안전프로그램을 통해 교사는 잠재적 사고의 가능성이 있는 것으로부터 유아가 자신을 지킬 수 있는 인성특질을 발달시키고 안전지식과 기술을 학습하도록 도와주어야 한다. 만약 유아가 안전하게 행동하는 법을 모르는 경우에는 다양한 방법을 통해 배울 수 있도록 해야 한다. 또한 교실에서의 물리적 안전을 항상 점검하여 기본적으로 안전한 환경을 유지, 개선하는 데 최선을 다하여야 한다.

유아가 자신을 가치가 있는 인간으로 생각하는 것, 자신의 계획과 결정이 가치 있는 것으로 생각하는 것이 중요한데, 교사는 유아가 자기 자신이나 다른 친구들에게 상처를 입히지 않도록 자기 훈련의 방향으로 이끌어 나가는 것이 중요하다.

유아를 위한 안전교육은 유아의 발달 수준에 알맞은 다양한 방법을 통해 장기간에 걸쳐 지속적으로 행해져야 한다. 교사는 유아의 안전지식이 충분하고 안전기술을 습관화할 때까지 가까이에서 관심을 갖고 도와주어야 한다.

유아교육기관과 가정의 긴밀한 협조는 유아 개개인에 따른 특별한 안전교육의 필요성을 이해하는 데 도움이 될 수 있다. 과도하게 공격적이거나 인내심이 약한 성향을 지닌 유아를 위해 교사와 부모는 서로에게 유아의 이러한 사고유발 성향을 극복하도록 보충해 주고 이끌어 주어야 한다. 유아는 실제 안전하게 행동하는 성인의 행동을 리모델링함으로써 안전한 행동을 몸에 익히게 된다. 부모, 교사 및 유아에게 영향을 미칠 수 있는 그 외의 다른 성인들은 유아가 바람직한 역할모델을 지님으로써 유아의 안전 습관에 바람직한 영향을 주어야 한다.

위험은 관찰 가능하고 사고는 예언될 수 있으므로 가정에서부터 유아가 안전에 대한 민감성을 키울 수 있도록 도와주어야 한다. 안전사고는 철자를 습관적으로 잘못 쓰는 실수가 될 수 있으므로 유아는 조기에 가정에서부터 안전사고가 왜 일어나고 어떻게 안전사고를 예방할지에 대한 이해를 하도록 해야 한다.

유아교육기관과 가정의 긴밀한 협력은 개개의 유아들이 특별한 안전욕구가 있다는 것을 이해하는 데 도움이 될 수 있다. 근본적으로 유아가 안전하게 살기를 원하며 자신을 안전하게 살아야 할 가치 있는 인간으로, 그리고 자신의 계획과 결정은 가치 있는 것으로 생각하는 것이 중요하므로 부모와 교사들은 유아가 이러한 자아상을 갖는 데 중요한 역할을 한다고 볼 수 있다. 많은 교사와 부모들은 훈련이 부족하며 흔히 안전교육의 기회를 간과하거나 인식하지 못하는 경우가 흔히 있다. 때로는 안전 실제에 대한 기본지식을 현재 가지고 있지 못한 경우도 있을 수 있다.

교사는 조절의 기술과 반드시 기억해야 할 '기술' 이 충분히 신뢰가 갈 때까지 유아의 가까운 곳에서 긴밀하게 지도해야 할 것이다. 안전교육은 한 가지나 그 이상의 난이도로 다양하게 오랫동안 이루어져야 하지만 부모와 교사는 아이들이 스스로를 보호하는 것을 학습할 때까지 유아들을 보호해야 한다. 유아의 안전교육과 관련하여 부모, 교사, 지역사회의 역할을 종합적으로 도식화하면 다음의 [그림 4-1]과 같다.

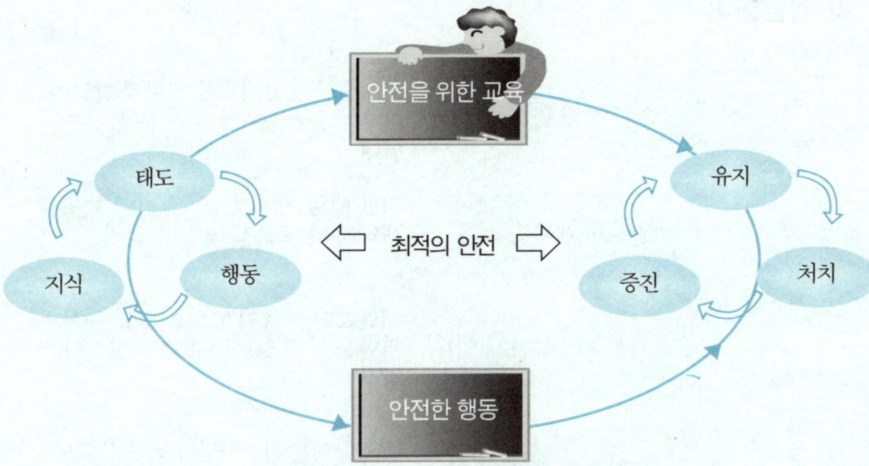

[그림 4-1] 유아 안전교육을 위한 부모 · 교사의 역할(David & Albert, 1978)

3. 활동형태에 따른 교육방법

1) 토의활동

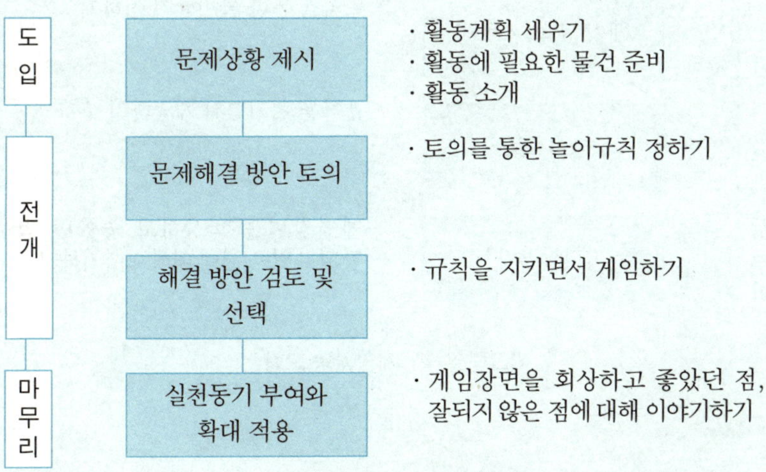

[그림 4-2] 토의활동 모형

2) 역할놀이

단계	활동	내용
도입	역할놀이 상황 설정	· 안전생활 습관지도를 위한 역할놀이 · 이야기 들려주기를 통한 문제 상황 안내
전개	역할놀이 계획하기	· 역할 배역 정하기 · 배역에 맞는 분장 및 소품 준비
전개	역할놀이 하기	· 역할놀이 상황에 알맞은 행동/대화 · 역할을 맡지 않는 유아는 역할놀이 감상
마무리	역할 회상하기	· 역할놀이를 회상하면서 느낀 점 표현

[그림 4-3] 역할놀이 모형

3)게임활동

단계	활동	내용
도입	게임 계획 세우기	· 활동계획 세우기 · 활동에 필요한 물건 준비 · 활동 소개
전개	게임 규칙 정하기	· 토의를 통한 놀이규칙 정하기
전개	놀이활동	· 규칙을 지키면서 게임하기
마무리	놀이회상 및 반성	· 게임장면을 회상하고 좋았던 점, 잘되지 않은 점에 대해 이야기하기

[그림 4-4] 게임활동 모형

4) 동화활동

단계	활동	내용
도입	동화활동 계획 세우기	· 사고 경험(직 · 간접) 이야기하기 · 위험 요소 찾기
전개	활 동	· 사고예방을 위한 대처 방법 찾기 · 위험 상황 대처 방법 찾아보기 · 체험활동을 통한 대처 방법을 확인하기
마무리	활동의 확장 적용	· 사고예방에 관련된 방법 표현하기

[그림 4-5] 동화활동 모형

5) 체험활동

단계	활동	내용
도입	제시된 상황 파악하기	· 흥미 유발
전개	문제해결을 위한 계획 세우기	· 활동 실시 · 내용 분석
마무리	활동및 확장 적용	· 확장된 활동으로 전이 및 생활 습관화

[그림 4-6] 체험활동 모형

4. 영역별 안전활동계획안

이 절에서는 영역별 안전 연간활동계획을 제시하고, 활동계획안의 구체적인 예를 제시한다.

〈표 4-3〉 안전 연간활동계획

지도 시기		주제		교수·학습 형태	교수·학습 자료	상황별 안전교육 영역			
월	주	생활 주제	상황별 주제			교통	놀이	위험	환경
3	2	나와 유치원	유치원 다니는 길	체험, 역할 활동	도로 및 건물그림판, 교통표지판	○			
	3	나와 유치원	복도층계에서 안전하게 걸어요	체험활동	상황그림 유아활동지			○	
	4	유치원에서의 친구	미끄럼틀을 안전하게 이용해요	체험활동	실물자료		○		
4	1	봄의 날씨와 생활	실내 놀잇감 안전하게 사용해요	토의활동	상황그림자료		○		
	2	봄의 식물과 동물	화장실을 안전하게 이용해요	체험활동	실물자료			○	
	3	즐거운 생활	놀이터에서 안전하게 놀아요	토의, 체험 활동	사진자료, 실물자료		○		
	4	즐거운 생활(나)	가위를 안전하게 사용해요	토의, 게임 활동	게임자료		○		
5	1	가족의 구성과 역할	좋은 접촉과 나쁜 접촉이 있어요	토의활동	상황그림			○	
	2	가족의 생활	낯선 사람을 따라가지 않아요	토의활동	그림자료			○	
	3	가족과 이웃의 문화	어른의 부탁도 거절, 주장하는 방법을 알아요	역할놀이	상황그림			○	
	4	우리 집과 이웃	모래놀이를 안전하게 해요	체험활동	실물자료		○		
	5	애완동물과 농장의 동물	뽀삐도 화나면 무서워	역할놀이	동화자료			○	
6	1	동물원의 동물	찻길은 놀이터가 아니에요	토의활동	상황그림	○			
	2	물에 사는 동물	공사장에서 놀면 위험해요	체험활동	상황그림		○		
	3	음식	골목길에서 놀면 위험해요	토의활동	유아 활동지	○			
	4	깨끗한 생활	비오는 날 조심하세요	토의, 역할놀이	상황그림	○			

7	1	여름생활	인도가 없는 길에서 안전하고 싶어요	토의활동	상황그림	○			
	2	여름생활	길을 잃었어요	역할놀이	동극소품	○			
	3	여름생활	물놀이를 안전하게	토의, 게임활동	게임자료		○		
9	1	즐거웠던 여름방학	신호등이 있는 횡단보도를 안전하게 건너요	체험활동	신호등 있는 횡단보도	○			
	2	여러 가지 탈 것들	안전띠는 왜 매야 하나요	토의활동	그림자료	○			
	3	안전한 생활	자전거를 안전하게 타요	체험활동	유아활동지, 자전거	○			
	4	건강한 생활	계단에서 안전하게 다녀요	체험활동	유아활동지		○		
10	1	다양한 나라 다양한 사람들	불이 날 수 있어요	체험, 토의활동	실물자료			○	
	2	세계 여러 나라 사람들의 모습	블록놀이를 안전하게 해요	토의활동	상황그림		○		
	3	가을의 생활 I	긴급전화번호로 신고전화를 할 수 있어요	역할놀이	전화기			○	
	4	가을의 생활 II	전기를 안전하게 사용할 수 있어요	동화	막대인형			○	
11	1	우리생활과 환경	우리도 대피할 수 있어요	체험활동	물, 소화기				○
	2	환경문제와 환경보호	버스를 안전하게 이용해요	토의놀이	상황그림	○			
	3	우리가 사는 지구	위험한 물건은 만지지 않아요	토의활동	유아활동지				○
	4	편리한 도구와 기계	위험한 물건이에요	체험활동	게임자료				○
	5	즐거운 도구와 기계	실내에서는 걸어 다녀야 해요	체험활동	상황그림				○
12	1	겨울의 생활	겨울철 놀이에도 위험이 있어요	토의활동	유아활동지		○		
	2	겨울철 놀이와 안전	겨울철 놀이가 왜 위험할까요	토의활동	상황그림		○		
	3	겨울철 놀이와 안전	빙판 길은 위험해요	토의활동	상황그림		○		
2	1	초등학교에 가려면	가스레인지는 조심해서 사용해요	토의활동	상황그림			○	
	2	친구와 헤어지며	친구에게 할 말이 있어요	체험활동	유아활동지			○	

〈표 4-4〉 안전활동 계획안: 교통

생활주제		나와 유치원	활 동 형 태	체험, 역할활동
안전교육 주제		유치원 다니는 길	교육과정 관련요소	교통
목 표		집에서 유치원 오는 길을 알고 안전하게 다닐 수 있다.		
활동과정	수준	활동내용		자료 및 유의점
자유선택 활동 (역할, 쌓기)	공통	*유치원과 유치원 주변의 도로 및 건물들을 사실적으로 자세히 그린 그림판을 만들어 역할놀이 바닥에 제시한다. (도로의 폭은 유아가 다닐 수 있는 정도가 되어야 하고, 그림판 위에는 비닐을 씌워 바닥에 고정시킨다.) • 유아는 그림판 위에 그려져 있는 유치원에서부터 출발하여 자기 집까지 걸어간다. -길을 안전하게 건너려면 어디로 건너야 하나요? -우리는 어떻게 횡단보도를 알 수 있을까? (도로를 횡단할 수 있도록 표시한 부분) • 우리지역 같이 횡단보도에 신호등이 없을 때에는 어떻게 건너야 할까? -횡단보도 앞에서 선다. -차가 오는지 살핀다. -차가 오지 않으면 손을 들고 차가 오는지 살피면서 안전하게 건넌다 • 유치원에서 집으로 가는 길에 인도가 없는데 인도가 없는 길은 어떻게 가야 할까? -차가 오는지 살피면서 길 옆으로 안전하게 다닌다. • 친구들과 함께 집에 갈 때 도로에서는 어떻게 해야 할까? -친구와 장난하지 않는다. 뛰어가지 않는다. -여럿이 어깨동무를 하거나 손을 잡고 다니지 않는다 등. *쌓기 영역에서 블록을 이용하여 횡단보도와 도로를 만들고 교통표지판을 이용하여 길을 건너 본다.		유치원 주변의 도로 및 건물그림판, 교통표지판

〈표 4-5〉 안전활동 계획안: 위험한 장소

<table>
<tr><td colspan="2">생활주제</td><td>나와 유치원</td><td>활 동 형 태</td><td>체험활동</td></tr>
<tr><td colspan="2">안전교육 주제</td><td>복도, 층계에서 안전하게 걷기</td><td>교육과정 관련요소</td><td>위험한 상황</td></tr>
<tr><td colspan="2">목 표</td><td colspan="3">복도, 층계에서 안전하게 다니는 방법을 알고 바르게 행동할 수 있다.</td></tr>
<tr><td>활동과정</td><td>수준</td><td colspan="2">활동내용</td><td>자료 및 유의점</td></tr>
<tr><td>이야기 나누기</td><td>공통</td><td colspan="2">* "줄을 섭시다" 노래를 부르며 유아들과 바르게 앉는다. (복도에서 넘어지는 그림을 보여 주며) 그림의 상황을 이야기해 본다.
• 친구가 화장실에서 넘어지는 사진 같아요. 쓰러지는 사진이에요.
* 복도 층계에서 다쳤던 경험을 이야기해 본다.
• 복도에서 달리기 시합을 하다가 친구랑 부딪혔어요. 친구가 발을 걸어서 넘어졌어요. 다리가 다쳤어요. 피가 났어요.
* 안전하게 걷는 그림을 보여 주며 상황을 이야기 나눈다.
• 친구들이 계단에서 조심조심 내려오는 그림 같아요. 뛰지 않고 걸어가는 것 같아요. 차례차례 걸어가고 있어요.</td><td>* 상황그림자료

* 안전하게 걷는 그림</td></tr>
<tr><td>상황별 체험 활동</td><td></td><td colspan="2">* 팀별 할 일 정하기 (체험활동 하기)
– 계단과 복도에서 걸어 보는 활동을 할 수 있게 팀을 나눈다.
* 안전한 행동을 직접 해 본다.
– 각 팀에서 (보조)교사의 이야기를 들으며 직접 계단을 오르내리거나 복도에서 걷기 활동을 해 본다.
– 활동이 끝난 유아는 교실로 들어와 체험 활동지를 한다.
* 각자 자기 자리에 와서 앉아 경험 발표를 한다.
• 계단에서 차례차례 내려 왔더니 다치지 않았어요. 친구들이 뛰지 않고 걸어서 싸우지도 않았어요. 기분이 좋았어요
• 말하지 않아요. 뛰지 않아요. 친구를 밀지 않아요.
• 물이 쏟아질까 봐 조심조심 걸었어요.
• 뛰지 않고 걸어야 돼요. 뛰어 가는 친구에게는 뛰지 말라고 해야 해요. 차례차례 걸어요
* 각자 체험활동지를 실물 화상기로 비추면서 앞으로 안전생활 실천을 약속한다.</td><td>* 체험 활동지</td></tr>
</table>

〈표 4-6〉 안전활동 계획안: 놀잇감

생활주제		봄의 날씨와 생활	활 동 형 태	토의활동
안전교육 주제		실내 놀잇감 안전하게 사용하기	교육과정 관련요소	놀이
목 표		유치원에서 여러 가지 놀잇감을 안전하게 사용할 수 있다.		
활동과정	수준	활동내용		자료 및 유의점
이야기 나누기	공통	*준비된 상황그림자료를 보면서 이야기 나눈다. • 상황그림자료 –블록을 자기 키보다 높게 쌓는다. –블록을 던진다. –블록을 입에 넣는다. –책을 던진다. –책상 위에 올라간다. • 상황그림자료와 같은 일을 경험한 유아가 있는지 이야기한다. *교실 안에서 위험한 상황이 일어나지 않으려면 어떻게 해야 하는지 이야기 나눈다. • 놀잇감을 함부로 던지지 않는다. • 블록을 키만큼만 쌓고 작은 블록은 입에 넣지 않는다. • 책을 던지지 않고 책상 위에 올라가지 않는다.		*상황그림자료
토의 활동	II	*안전하게 지내기 위해서는 안전 규칙을 잘 지켜야 함을 이야기하고 유치원에서 지킬 수 있는 안전규칙은 무엇이 있는지 4~5명씩 그룹으로 나누어 토의한다. (언어, 쌓기, 과학, 조작, 조형, 역할영역 등) *각 그룹별로 토의 결과를 발표한다. *토의 결과를 모아 '놀이안전 규칙책' 을 만든다. *만든 '놀이안전 규칙책' 은 각 영역에 비치해 둔다.		

〈표 4-7〉 안전활동 계획안: 놀이장소

생활주제	즐거운 생활	활동형태	토의, 체험활동
안전교육 주제	놀이터에서 안전하게 놀아요	교육과정 관련요소	놀이
목표	놀이 시 사고나 위험한 상황이 있음을 안다. 실외놀이기구를 안전하게 사용할 수 있다.		

활동과정	수준	활동내용	자료 및 유의점
이야기 나누기	공통	*유치원에 있는 실외놀이기구 사진(미끄럼틀, 그네, 철봉, 평균대 등)을 보며 각 놀이기구 이름과 그 사용 방법에 대해 이야기 나눈다. • 이 사진의 놀이 기구 이름은 무엇이니? • 너희들은 이 놀이 기구를 사용해 본 적이 있니? • 어떻게 사용했었니? 그네는 앉아서 탔어요. 서서 탈 수도 있어요. 미끄럼틀은 앉아서 내려왔어요. 시소는 양쪽에서 친구와 함께 앉아서 탔어요 *각 놀이 기구를 사용할 때 지켜야 할 규칙에 대해 이야기 나눈다 • 그네는 완전히 멈추었을 때 타고 내리며, 엎드려 타면 다칠 수도 있다. • 그네가 움직일 때 앞뒤로 다니면 위험하다. • 미끄럼틀은 차례로 계단으로 올라가서 타며, 엎드리거나 거꾸로 앉아 타는 것이나 친구를 미는 것은 위험하다 • 시소는 완전히 멈추었을 때 타고 내리며, 타는 도중에 일어나거나 내리지 말아야 한다. 손잡이는 꼭 잡는다. *약속을 지키지 않을 때 일어나게 될 상황에 대해 생각해 본다. • 많이 다치게 된다. • 친구가 아프게 되거나 다치게 된다. • 부모님과 선생님을 걱정시킨다. *친구가 다쳤을 때는 어떻게 해야 하는지에 대해 이야기 나눈다. • 친구가 다쳤을 때는 누구에게 도움을 청해야 할까?	*유치원 실외놀이기구 사진
	II	*우리가 정한 약속을 잘 기억할 수 있는 방법에 대해 의논한다. • 정한 약속을 종이에 적어 실외놀이 영역에 붙여 둔다.	
체험활동 정리		*놀이규칙을 지키며 실외놀이를 한다. *실외놀이를 한 후의 느낌에 대해 이야기 나눈다.	

〈표 4-8〉 안전활동 계획안: 위험한 도구

생활주제	즐거운 생활, 나	활 동 형 태	토의, 게임활동
안전교육 주제	가위를 안전하게 사용해요	교육과정 관련요소	놀이
목 표	가위의 올바른 사용법을 안다. 가위를 이용하여 다양한 방법으로 꾸민다.		

활동과정	수준	활동내용	자료 및 유의점
이야기 나누기	공통	*가위로 할 수 있는 일에 대해 이야기 나눈다. • 가위로 무엇을 할 수 있을까? *가위의 바른 사용법에 대해 이야기 나눈다. • 가위에 다쳐 본 적이 있니? • 다치지 않으려면 어떻게 사용해야 할까?	*가위, 풀, 종이, 칸을 그어 놓은 색마분지, 주사위
게임활동		*준비된 재료로 할 수 있는 놀이방법을 이야기 나눈다. • 칸이 나누어진 색마분지 종이를 나누어 갖는다. • 주사위를 던져서 나온 숫자만큼 색마분지를 한 칸씩 가위로 자른다. • 자른 색마분지를 종이에 구성하여 풀로 붙인다. • 색마분지 조작이 다 잘리면 게임은 끝난다.	
	II	• II 수준의 유아들은 색깔 주사위를 하나 더 첨가해서 주사위에 나온 색과 같은 색깔의 종이를 찾아서 숫자만큼 가위로 오려 본다.	

〈표 4-9〉 안전활동 계획안: 낯선 사람

생활주제	가족의 생활	활 동 형 태	토의활동
안전교육 주제	낯선 사람을 따라가지 않아요	교육과정 관련요소	위험
목 표	위험한 상황에서 자신을 보호하는 방법을 안다.		

활동과정	수준	활동내용	자료 및 유의점
이야기 나누기	공통	*유아들에게 그림자료를 융판에 붙여 가며 유괴에 관한 상황 이야기를 들려준다. -요즘 동네 문방구에 멋있는 ○○로봇이 나왔습니다. ○○로봇은 아이들이 제일 좋아하는 로봇이에요. (아이그림을 붙이며) 물론 경수도 그 로봇을 아주 좋아하지요. 그런데 (친구들 그림을 붙이며) 다른 친구들은 모두 그 멋있는 ○○로봇을 갖고 있는데 경수만 없었어요. '나도 ○○로봇 갖고 싶어. 그런데 우리 엄마는 안 사 줘.' 경수는 친구들과 똑같은 로봇이 없어서 속상하였습니다. 그래서 오늘도 힘없이 유치원으로 가고 있었습니다. 경수는 유치원 앞에 있는 문방구 앞에 멈춰 섰어요. 그리고 진열장 안의 ○○로봇을 보고 있었어요. 바로 그때, (아주머니 그림을 붙이며) 어떤 아주머니가 경수에게 다가왔습니다. "얘야! 유치원 가니? 너 아주 귀엽게 생겼구나. 이름이 뭐니?" 하고 물었습니다. "저는 경수예요. 그런데 아줌마는 누구세요?"라고 물어보자, "난 엄마 친구야! 엄마한테 네 얘기 많이 들었는데 네가 바로 경수구나." 하고 말했어요. 그러나 경수는 그 아주머니를 한 번도 본 적이 없었습니다. 아주머니는 "경수야! 이 로봇 갖고 싶니? 내가 사 줄 테니 함께 가자." 하며 경수 손을 잡고 데리고 가려고 했어요. '친구들과 같은 로봇을 사달라고 할까? 아니야! 엄마가 아무나 따라가면 안 된다고 하셨는데….	*상황그림자료 3개, 융판
게임활동		*이야기의 내용에 대해서 유아들과 함께 이야기 나눈다. • 경수는 어떻게 해야 할까? • 너희들이라면 어떻게 하겠니? • 왜 그렇게 해야 할까? *낯선 사람을 따라 갔을 때의 결과에 대해 이야기한다. • (신문 스크랩을 보여 주며) 이 엄마는 왜 이렇게 슬퍼하고 있을까? • 이 어린이는 어떻게 되었을까? *이와 비슷한 일이 생길 경우 대처하는 방법에 대해 토의한다. • 모르는 사람이 함께 가자고 하면 어떻게 할까? • 왜 따라가면 안 될까? • 싫다고 해도 억지로 데리고 가려고 하면 어떻게 해야 할까?	*유괴에 관한 신문기사

〈표 4-10〉 안전활동 계획안: 놀이

생활주제	우리집과 이웃	활동형태	토의, 체험활동
안전교육 주제	모래놀이를 안전하게 해요	교육과정 관련요소	놀이
목표	모래놀이 할 때 지켜야 할 규칙을 알고 안전하게 놀이한다. 모래놀이장에서 일어날 수 있는 위험한 상황을 예측한다.		

활동과정	수준	활동내용	자료 및 유의점
이야기 나누기	공통	* 모래놀이 했던 경험을 이야기 나눈다. • 모래로 무엇을 만들어 보았니? • 다치거나 위험했던 적은 없었니? * 모래놀이 할 때 지켜야 할 규칙에 대해 이야기 나눈다 • 모래놀이 도구는 친구와 나누어서 사용한다. • 모래싸움을 하지 않는다. • 모래를 친구 얼굴을 향해 던지지 않는다. • 삽으로 모래를 펄 때 조심한다. * 약속을 지키지 않을 때 일어나게 될 상황에 대해 생각해 본다. • 입이나 눈에 모래가 들어가게 된다. • 눈이 아플 수 있다. • 부모님과 선생님을 걱정시킨다. * 모래가 눈에 들어갔을 때는 어떻게 해야 하는지에 대해 이야기 나눈다. • 눈을 비비지 않는다. • 빨리 선생님에게 알린다.	
체험활동 정리	II	* 우리가 정한 약속을 잘 기억할 수 있는 방법에 대해 의논한다. • 정한 약속을 종이에 적어 모래놀이 영역에 붙여 둔다. * 놀이규칙을 지키며 모래놀이를 한다. * 모래놀이를 한 후의 느낌에 대해 이야기 나눈다.	

〈표 4-11〉 안전활동 계획안: 놀이장소

생활주제		교통기관	활 동 형 태	토의활동
안전교육 주제		찻길은 놀이터가 아니에요	교육과정 관련요소	교통
목 표		찻길에서 노는 것의 위험성을 알고 안전한 놀이장소에서 논다.		
활동과정	수준	활동내용		자료 및 유의점
이야기 나누기	공통	*위험한 놀이장소나 안전한 놀이장소에 대해 상황그림을 보며 이야기를 나눈다. • 유아들은 어떠한 놀이를 하고 있니? • 어디서 놀고 있지? • 안전한 곳에서 놀고 있는 아이는? • 어떠한 장소가 안전한 놀이터일까? • 위험한 곳에서 놀고 있는 아이는? • 어떠한 위험이 있을까? *도로상에서 노는 것의 위험성에 대해 이야기 나눈다. • 길은 무엇을 위해 만들어졌나? • 길은 사람이나 차가 다니기 위해 만든 것이지 노는 장소가 아니다. • 길에서 놀면 왜 나쁠까? 다른 사람이나 차가 다니는 데에 방해가 된다. 노는 데에 열중하다 보면 차를 주의하지 못한다. 서로 부딪치기 쉽다. 차와 사람이 부딪치면 사람은 죽거나 다친다. 차는 곧바로 멈추지 못한다. *주차한 차 근처에서 노는 것의 위험성에 대해 이야기 나눈다. • 차의 앞뒤와 옆에는 차에 앉아 있는 운전자를 잘 볼 수 없는 부분이 있다. • 노는 데에 열중하다 보면 차가 움직이는 것을 알지 못한다. • 차는 앞뒤로 움직일 수 있다. *비탈길의 위험에 대해 이야기 나눈다. • 서 있는 자동차가 미끄러워지는 경우도 있다. • 비탈길에서는 자동차의 멈춤이 쉽지 않다.		*상황그림자료

〈표 4-12〉 안전활동 계획안: 보행자

생활주제	깨끗한 생활	활 동 형 태	토의 역할활동
안전교육 주제	비 오는 날 조심하세요	교육과정 관련요소	교통
목 표	비 오는 날의 위험을 알고 안전하게 보행할 수 있다.		

활동과정	수준	활동내용	자료 및 유의점
이야기 나누기	공통	*상황그림자료(우산으로 앞을 가리고 가는 그림, 한손으로 우산을 들고 다른 한 손에 가방을 들고 가는 그림, 가방을 등에 메고 양손으로 우산을 들고 가는 그림)를 보며 비오는 날의 위험성에 관해 이야기 나눈다. • 비오는 날은 도로가 위험하다. • 보행자나 운전자가 모두 앞을 잘 볼 수 없다. • 비바람에 물건이나 우산을 놓치기 쉽다. *비오는 날의 안전한 걷기에 대해 이야기 나눈다. • 비오는 날의 옷차림에 대해 이야기 나눈다. – 황색이나 흰색 계통의 밝은 색의 옷이 눈에 띄기 쉽다. – 옷차림은 될 수 있는 한 간편한 것이 좋다. – 휴대품이 많으면 행동이 부자연스러워진다. • 우산을 어떻게 드는 것이 좋을까를 이야기한다. • 보행 중에는 어떠한 것에 주의해야 되는지에 대해 이야기한다. – 비바람에 날리는 물건에 주의한다. – 미끄러지기 쉬우므로 물구덩이나 차에 주의한다. – 앞쪽에서 나는 소리에 주의하여 걷는다.	*상황그림자료 3장
		*비오는 날의 안전한 건너기에 대해 이야기 나눈다. • 비오는 날 횡단보도에서 기다리는 방법에 대해 이야기 나눈다. – 보도 끝에서 2~3보 올라서서 기다린다. – 우산 끝이 차도쪽으로 나오지 않게 한다. • 비오는 날 건널 때의 주의점에 대해 이야기한다. – 우산을 두 손으로 꼭 쥐고 차가 멈춘 것을 눈으로 확인한 뒤에 건넌다.	
역할활동		*이야기 나눈 것을 기억하며 비오는 날 우산을 받고 횡단보도를 건너는 활동을 해 본다. • 비오는 보행자와 차의 역할을 하는 두 팀으로 나눈다. • 보행자 역할을 하는 유아는 우산을 쓰고 기다리고 있다가 차를 피하여 조심스럽게 건넌다. • 차의 역할을 하는 유아들은 한편에서 다른 편으로 공을 굴려 받는다.	우산 또는 우비, 장화, 공, 횡단보도

〈표 4-13〉 안전활동 계획안: 물놀이

생활주제		여름생활	활 동 형 태	토의활동
안전교육 주제		물놀이를 안전하게	교육과정 관련요소	놀이
목 표		물놀이할 때 안전한 상황과 위험한 상황을 구별한다. 물놀이할 때 지켜야 할 규칙을 안다.		
활동과정	수준	활동내용		자료 및 유의점
이야기 나누기	공통	* 물놀이했던 경험을 이야기해 본다. • 언제 누구와 물놀이를 갔었니? • 위험한 경험은 없었니? * 원판에 그려진 상황그림(안전하게 물놀이하는 상황 그림, 위험하게 물놀이하는 상황그림)을 보며 안전하게 물놀이하는 상황과 위험한 물놀이 상황을 나누어 본다. * 왜 위험한지 생각해 본다. * 원판에 있는 상황그림(안전하게 물놀이하는 상황 그림, 위험하게 물놀이하는 상황그림)을 보며 물놀이할 때 지켜야 할 약속을 생각해 본다. • 물에 들어가기 전에는 준비운동을 한다. • 어른과 함께 물놀이한다. • 수영도구를 모두 갖추고 물놀이한다. • 사람들 멀리 떨어진 곳으로 가지 않는다. • 깨끗한 물에서 논다. • 물놀이 할 때는 음식을 먹지 않는다. • 친구를 물속으로 밀지 않는다.		* 원판그림자료
게임활동		* 상황그림자료를 이용하여 게임을 한다. • 게임을 하기 위해 필요한 방법과 규칙을 생각해 본다. • 정해진 규칙대로 게임을 한다.		

〈표 4-14〉 안전활동 계획안: 교통기관

<table>
<tr><td colspan="2">생활주제</td><td>여러 가지 탈것들</td><td>활 동 형 태</td><td>이야기 나누기</td></tr>
<tr><td colspan="2">안전교육 주제</td><td>안전띠는 왜 매야 하나요</td><td>교육과정 관련요소</td><td>교통</td></tr>
<tr><td colspan="2">목 표</td><td colspan="3">안전띠를 매는 이유를 알고, 스스로 안전띠를 맬 수 있다.</td></tr>
<tr><td>활동과정</td><td>수준</td><td colspan="2">활동내용</td><td>자료 및 유의점</td></tr>
<tr><td>이야기 나누기</td><td>공통</td><td colspan="2">*유아가 직접 타 본 교통 기관에 대해 이야기 나눈다.
• 친구들과 우리가 먼 곳을 가려면 어떻게 해야 할까?
• 우리가 타 본 여러 가지 교통 기관의 공통점은 무엇일까?</td><td></td></tr>
<tr><td></td><td>I</td><td colspan="2">*유아가 이야기한 여러 가지 공통점 중에서 안전띠에 대해 이야기를 나눈다.
• 안전띠가 있는 차를 타 본 경험이 있니?
• 우리가 타는 여러 가지 탈 것에는 왜 안전띠가 있을까?
*교사는 안전띠를 매는 이유에 대해 이야기해 준다.
• 차가 움직이거나 달릴 때 우리의 몸이 움직이지 않도록 해 주기 때문에 안전띠는 우리를 안전하게 해 주는 물건이란다.</td><td>안전띠 그림자료</td></tr>
<tr><td></td><td>II</td><td colspan="2">*안전띠를 스스로 매 본 경험에 대해 이야기 나눈다.
*안전띠를 바르게 매는 것에 대해 이야기해 준다.
• 안전띠는 혼자서 맬 수 있어야 한다.
• 안전띠를 너무 느슨하게 매지 않는다.
• 안전띠로 장난을 하지 않는다.</td><td></td></tr>
<tr><td></td><td>공통</td><td colspan="2">*안전띠를 스스로 맬 수 있는 경험(현장학습 등)을 하거나 가정과 연계하여 지도한다.
• 가정 통신문을 활용한다.</td><td>실천카드</td></tr>
</table>

〈표 4-15〉 안전활동 계획안: 운동

생활주제		안전한 생활	활 동 형 태	체험
안전교육 주제		자전거와 롤러브레이드를 안전하게 타요	교육과정 관련요소	교통
목 표		안전장비 착용할 수 있고, 안전한 놀이 장소에서 자전거와 롤러 브레이드를 탈 수 있다.		
활동과정	수준	활동내용		자료 및 유의점
이야기 나누기	공통 II	(전날 자전거나 롤러브레이드가 있는 유아는 유치원으로 가지고 올 수 있도록 가정 통신을 한다.) * '자전거' 노래를 유아와 함께 불러 본다. *자전거나 롤러브레이드를 타 본 경험에 대해 이야기 나눈다. • 안전한 놀이 장소에 대해 이야기해 준다. • 안전장비의 종류와 착용 방법, 필요성에 대해 이야기해 준다. – 안전장비에는 어떠한 것이 있니? – 안전장비는 왜 착용해야 할까? – 안전장비를 착용하지 않고 놀았을 때 어떠한 일이 생길까?		자전거나 롤러브레이드를 탈 때 필요한 여러 가지 안전장비
	공통	*유아와 함께 자전거와 롤러브레이드를 관찰한다. *유아 스스로 안전장비를 착용하도록 지도한다. *유아가 운동장(안전한 놀이 장소)에서 직접 탈 수 있도록 한다. *교사는 유아가 안전한 놀이를 하도록 관찰하거나 지도한다. – 자전거나 롤러브레이드를 탈 때 앞을 보면서 탄다. – 두 손은 항상 손잡이(핸들)를 잡는다. – 평평한 곳에서 탈 수 있다. – 한 사람씩 탈 수 있다. – 서로 부딪치지 않도록 조심하며 탈 수 있다.		자전거나 롤러브레이드 자원봉사자의 도움을 받는다.
	공통	*직접 놀이한 경험에 대해 이야기 나눈다. • 안전한 놀이장소에서 탈을 때는 경험에 대해 이야기해 보자. • 안전장비는 어떤 일(상황)이 있을 때 필요하다고 생각했니? • 실수로 친구와 부딪쳤을 때는 친구에게 어떤 행동을 해야 할까? * '자전거' 노래를 부르며 마무리한다.		

〈표 4-16〉 안전활동 계획안: 위험한 도구

생활주제	편리한 기계와 도구		활 동 형 태	게임
안전교육 주제	위험한 물건이에요		교육과정 관련요소	위험
목 표	위험한 물건의 올바른 사용방법과 바르게 주고받는 것을 알 수 있다.			
활동과정	수준	활동내용		자료 및 유의점
이야기 나누기	공통	*여러가지 편리한 도구의 그림자료를 제시하며, 위험한 것과 안전한 것을 구분해 본다. • 위험한 물건의 그림카드를 찾아 보자. • 안전한 물건의 그림카드를 찾아 보자. • 위험한 물건을 사용해야 할 때는 어떻게 사용해야 할까? • 위험한 물건을 다른 사람이나 친구에게 전할 때는 어떻게 해야 할까? *위험한 물건을 바르게 사용하는 방법과 바르게 주고받는 것에 대해 이야기해 준다.		여러 가지 도구 그림자료, 도구 실물자료나 모형물
게임	공통	*게임방법에 대해 이야기 나눈다. • 두 팀으로 나눈다. • 여러가지 도구 중 유아가 선택한 도구를 들고 반환점을 돌고 온 후 다음 순서의 유아에게 바르게 전달한다. • 바르게 전달한 유아는 팀의 점수판에 파란색 스티커를, 바르게 전달하지 못한 유아는 빨간색 스티커를 붙인다. • 파란색 스티커를 많이 붙인 팀이 이긴다.		여러 가지 도구모형물 (칼, 망치, 가위 등)점수판, 두가지색의 스티커
	공통	*게임을 한 경험에 대해 이야기 나눈다. • 규칙을 잘 지켰는지에 대해 이야기 나눈다. *위험한 물건을 주고받는 것에 대해 다시 한 번 이야기해 준다. • 위험한 물건을 헝겊에 싸서 전한다. • 물건을 안전한 쪽을 상대방에게 내밀 수 있다.		실천카드
	II	*위험한 물건을 넣어 두는 함을 만들어 본다.		

〈표 4-17〉 안전활동 계획안: 공공기관

생활주제		가족과 이웃 I	활 동 형 태	역할
안전교육 주제		긴급전화 번호로 연락할 줄 알아요	교육과정 관련요소	위험
목 표		긴급전화 번호와 위험할 때 우리를 돕는 기관이 있음을 알고, 그분들께 감사하는 마음을 갖는다.		
활동과정	수준	활동내용		자료 및 유의점
이야기 나누기	공통	*우리가 위험하거나 위급한 일이 있을 때 우리는 도와주는 기관에 대해 이야기 나눈다. *소방서나 경찰서를 견학한 경험에 대해 이야기 나눈다. • 소방서에서 하는 일에 대해 이야기해 보자. • 경찰서에서 하는 일에 대해 이야기해 보자. • 소방관과 경찰관에게 우리는 어떠한 마음을 가져야 할까? *소방서 전화번호와 경찰서 전화번호를 다시 한 번 이야기해 준다.		소방서, 경찰서 견학사진, 긴급전화 번호부
역할놀이	II	*소방서 역할 놀이에 대해 이야기 나눈다. *각 영역에서 만든 작품을 활용한다. (언어영역: 긴급전화번호부 만들기 쌓기영역: 소방서 꾸미기 조형영역: 소방호스 만들기) • 역할 배정하기 (화재 신고하는 사람, 대피하는 사람, 구급차 운전하는 사람, 소방호스로 불끄는 사람 등의 역할을 배정한다.) • 소방서 놀이하기 • 정리정돈하기		색연필, 종이, 적목, 속말이대, 색종이, 본드
	공통	*역할놀이 경험에 대해 이야기 나눈다. • 불이 나서 신고할 때 어디로 신고했었지? • 소방서 전화번호가 무엇이었지? • 어떤 역할이 가장 어려웠니? • 위험할 때 우리를 도와 주는 분들께 어떠한 마음과 행동을 해야 할까? *감사의 마음을 전할 수 있는 방법에 대해 이야기 나누고, 유아가 직접 감사의 편지나 글을 써 본다.		

〈표 4-18〉 안전활동 계획안: 전기

<table>
<tr><td colspan="2">생활주제</td><td>가을의 생활 I</td><td>활 동 형 태</td><td>동화</td></tr>
<tr><td colspan="2">안전교육 주제</td><td>전기제품을 안전하게 사용해요</td><td>교육과정 관련요소</td><td>위험</td></tr>
<tr><td colspan="2">목 표</td><td colspan="3">전기의 위험성을 알고, 콘센트와 전기 플러그로 장난을 하지 않는다.</td></tr>
<tr><td>활동과정</td><td>수준</td><td colspan="2">활동내용</td><td>자료 및
유의점</td></tr>
<tr><td>이야기
나누기</td><td>공통

II</td><td colspan="2">* 상황그림자료
(유아를 위한 안전교육 지도자료, 교육부, p. 133)
상황그림 1. 전기콘센트에서 젓가락 또는 포크로 장난한다.
상황그림 2. 전선을 잡아당기거나 장난을 한다.
상황그림 3. 물 묻은 손으로 콘센트 · 플러그를 만진다.
* (상황그림자료)를 보며 이야기 나눈다.
• 전기콘센트에 젓가락이나 포크를 넣으면 어떻게 될까?
• 전선을 가지고 장난하면 어떻게 될까?
• 손에 물이 묻었을 때 콘센트나 플러그를 만지면 어떻게 될까?
* 전기를 사용하는 물건은 위험하므로 전기콘센트나 플러그를 사용할 때는 부모님이나 어른께 도움을 청해야 한다고 이야기한다.</td><td>상황그림자료</td></tr>
<tr><td>동화</td><td>공통</td><td colspan="2">* '아름이' 그림동화를 들려준다.
(유아를 위한 안전교육 지도자료, 교육부, pp. 135-136)
* 동화의 내용에 대해 유아와 이야기 나눈다.
• 아름이가 왜 병원에 가게 되었니?
• 무엇으로 장난을 쳤니?
* 사용하지 않는 콘센트에는 안전덮개를 씌워야 함을 이야기해 준다.</td><td>그림동화

유아안전실천 카드로 가정과 연계지도 한다.</td></tr>
</table>

〈표 4-19〉 안전활동 계획안: 화재

생활주제		우리생활과 환경	활 동 형 태	이야기 나누기
안전교육 주제		우리도 대처할 수 있어요	교육과정 관련요소	위험
목 표		안전하게 대처 · 대피하는 방법을 알고 실천할 수 있다.		
활동과정	수준	활동내용		자료 및 유의점
이야기 나누기	공통	*불이 난 상황을 신문 또는 비디오를 본다. *유치원의 비상구나 대피경로를 알려 준다.		비디오자료, 유치원 대피도
	공통	*만일 집이나 유치원에 있을 때 불이 났을 때 해야 하는 행동과 해서는 안 되는 행동에 대해 이야기한다. • 불이 나면 이렇게 대피하세요. – 밖으로 나오면서 '불이야!' 하고 외친다. – 손잡이를 만져 보고 뜨겁지 않으면 문을 열고 밖으로 나온다. (문이 뜨거울 때는 수건을 손잡이에 대고 연다.) – 옷에 불이 붙으면 그 자리에서 멈춘 후 엎드려서 뒹군다. – 엘리베이터를 타지 않고 계단으로 내려온다. – 밖에 나와 어른께 알리거나 소방서에 신고한다. – 문이 닫혔을 때는 창문에서 수건이나 옷을 흔들면서 불이 났다고 외친다. – 함께 모이기로 한 장소로 간다. • 불이 났을 때 이런 행동은 절대로 안돼요. – 옷장이나 침대, 책상 밑에 숨으면 안 된다. – 아끼는 물건을 챙기거나 주춤하지 말고 빨리 나온다. – 밖으로 나온 후 물건을 가지러 다시 유치원(집)으로 다시 들어가지 않는다. *유아와 함께 가상 화재 대피훈련을 실시해 본다.		상황그림자료
	공통	*유치원 교실의 비상구를 다시 한번 확인하며, 유치원 부근에 또 다른 비상구나 대피 경로를 살펴본다. *유아 가정에서도 대피훈련 계획을 세워 보도록 지도한다.		가정 통신문

〈표 4-20〉 안전활동 계획안: 겨울

생활주제		겨울철 놀이와 안전	활 동 형 태	이야기 나누기, 조형
안전교육 주제		겨울철 놀이가 왜 위험할까요?	교육과정 관련요소	놀이
목 표		겨울철 놀이할 때 지켜야 할 규칙을 알고 위험한 상황과 안전한 상황을 구분할 수 있다.		
활동과정	수준	활동내용		자료 및 유의점
조 형	공통	*겨울철 놀이의 종류에 대해 이야기 나눈다. *겨울철 놀이를 했던 경험을 이야기 나눈다. • 재미있었던 경험에 대해 이야기 나눈다. • 다치거나 다른 친구를 다치게 한 경험에 대해 이야기 나눈다. *겨울철 놀이를 할 때 지켜야 할 규칙과 안전에 대해 이야기 나눈다. • 연날리기 놀이를 할 때 지켜야 할 규칙은 무엇이니? • 썰매를 탈 때는 무엇을 조심해야 할까? • 빙판 길에서는 어떻게 걸어가면 안전할까? • 날씨가 매우 추울 때는 어디서 놀이를 해야 할까? *교사는 연 만들기에 필요한 여러 재료를 준비한다. *여러 가지 다양한 연의 사진을 보여 준다.		상황그림자료, 다양한 연모양 자료, 연 만들기 재료
	II	*유아는 연을 창의적으로 만든다. *유아와 함께 연날리기 놀이를 하면서, 안전에 대해 다시 이야기해 준다.		
	공통	*연날리기 놀이 경험을 이야기 나눈다. • 어떨 때 가장 재미있었니? • 놀이를 하면서 내가 규칙을 어기거나 다른 친구를 불편하게 한 일은 없었니?		

〈표 4-21〉 안전활동 계획안: 교통

<table>
<tr><td colspan="2">생활주제</td><td>환경문제와 환경보호</td><td>활 동 형 태</td><td>이야기
나누기</td></tr>
<tr><td colspan="2">안전교육 주제</td><td>버스를 안전하게 이용해요</td><td>교육과정 관련요소</td><td>교통</td></tr>
<tr><td colspan="2">목 표</td><td colspan="3">버스를 안전하게 기다리고 탈 수 있으며, 버스에 오르내릴 때는 위험한 곳에 서 있지 않는다.</td></tr>
<tr><td>활동과정</td><td>수준</td><td colspan="2">활동내용</td><td>자료 및
유의점</td></tr>
<tr><td>이야기
나누기</td><td>공통</td><td colspan="2">* 버스기사를 유치원에 모셔 와 이야기를 듣는다.
• 운전할 때 가장 어려울 때는 언제인지 여쭤 본다.
• 버스 안에서 일어나는 상황과 행동에 대해 기사와 함께 이야기 나눈다.
* 버스를 탔을 때 유아가 했던 행동에 대해 이야기 나눈다.
* 상황그림을 보며 이야기 나눈다.
• 상황그림1: 안전하게 버스를 기다린다./버스정류장에서 뛰어다니고 장난친다.
• 상황그림2: 줄을 서서 안전하게 버스에 오른다./먼저 타려고 한다.
• 상황그림3: 안전띠를 맨다./안전띠를 매지 않는다.
• 상황그림4: 의자에 조용히 앉아 있다./차 안에서 큰 소리 내고 돌아다닌다.
• 상황그림5: 조용히 창 밖을 내다본다./창 밖으로 고개나 손을 내민다.
• 상황그림6: 버스에서 내릴 때 살펴본다./살펴보지 않아 오토바이와 부딪친다.

* 귀가지도 시 통학버스를 타는 유아에게 다시 한 번 지도한다.</td><td>상황그림자료</td></tr>
</table>

제5장

응급처치

사고는 예고 없이 일어난다. 영 · 유아를 보육하는 과정에서 예기치 않은 사고나 긴급 상황이 일어날 위험의 가능성을 내포하고 있다. 이러한 응급 상황에서 교사가 대처 방법 및 순서를 알고서 익숙하게 처리할 수 있다면 생사의 갈림길에 있는 유아의 생명을 구할 수도 있고 사고의 후유증도 크게 줄일 수 있다. 그러므로 유아를 보호하고 교육하는 교사는 부상당한 유아가 전문적인 치료를 받을 때까지 손상이나 통증이 악화되지 않도록 하는 응급처치 방법을 알아야 한다.

보육시설에서는 최소한 한 명 이상의 교사가 유아에게 응급처치를 할 수 있는 훈련을 받아야 한다. 그러한 응급활동의 정확한 방법에 대한 교육과 지속적인 훈련을 받지 않은 상태에서 대충 시행하는 응급처치는 환자상태를 더욱 악화시킬 수 있기 때문에 교육과 훈련을 반복적으로 이수해야 한다.

응급처치란 사고나 갑작스럽게 병이 난 사람에게 의사의 진료를 받기 전에 취하는 즉각적이고 일시적인 처치를 말한다. 응급처치자는 자신의 감정을 억제하고 말과 얼굴표정을 침착하게 한다. 교사는 사고를 당한 유아가 자신을 돕고 있다는 것을 알게 하기 위해 자신감 있는 모습을 보여 주도록 한다. 유아가 사고를 당했을 때 교사는 우선 유아의 상태를 조사하여 그에 따른 처치를 한다. 사고를 당한 유아가 의식이 있을 때는 유아에게 사고를 당한 부위를 물어보고 처치하며, 의식이 없는 유아의 경우 외견상으로 나타난 증상을 파악하여 처치한다. 특히 교사는 유아의 신체적 부상뿐 아니라 유아의 심리적인 충격에도 주의를 기울여야 한다. 즉, 유아의 심각한 부상을 먼저 처치한 후 유아가 편안한 마음을 가지도록 안정시킨다.

아픈 유아를 돌보는 것과 아프지 않은 유아를 돌보는 것은 매우 다르다. 교사는 아픈 유아를 처치해 줄 수 있어야 하고, 부모가 데리러 오기 전까지 보살펴 주어야만 한다. 보육시설에는 아픈 유아를 관리하는 문서화된 지침이 있어야 하며, 이 지침은 유아가 보육시설에 등록할 때 유아의 보호자에게도 알려 주어야 한다. 교사는 다음과 같은 사항을 익혀야 한다.

- 일반적인 유아기 질병
- 질병의 증상
- 교사와 부모가 아픈 유아를 보살필 간호계획
- 온도계, 약, 기구를 사용하는 법
- 안전하게 약을 주는 법
- 증상 점검목록에 기록하는 법
- 보육시설에서 아픈 유아를 보살피는 법
- 유아 상해보험 신고 전화 및 보고서 기록하는 법
- 비상연락망 및 응급처치 동의서 기록하는 법

1. 구급상자

모든 보육시설에서는 구급상자를 반드시 찾기 쉬운 곳에 놓아 둔다. 들고 다닐 수 있는 상자가 좋으며, 열쇠로 잠그지 말고, 유아가 장난하지 못하게 한다. 처치용 가위는 따로 준비하고 일상 약품, 로션 등은 품명을 써서 표시한다. 기본적인 구급내용 팸플릿과 종이, 연필이 내부에 준비되어 있어야 하며, 응급전화번호, 긴급연락 전화번호도 적어 놓는다. 이것을 테이프로 잘 부착시켜 놓는다. 이와 같은 구급낭이 보육시설뿐만 아니라 가정, 자동차 등에도 반드시 준비되어 있어야 한다.

물품을 사용할 때는 일회용 장갑을 착용하도록 하고 물품을 사용한 후에 각 용구들을 새로 구입해야 하며, 1년에 한 번 정도 오래된 것이 없는지를 점검해야 한다.

약품	용품
소독약(머큐로크롬, 과산화수소수 등), 항히스타민 연고, 안약, 식염수, 항생제, 진통제, 해독제, 해열제, 지사제, 소화제 등	탈지면, 각종 크기의 붕대, 일회용 반창고, 멸균 거즈, 바세린 거즈, 핀셋, 가위, 체온계, 삼각건, 지혈대, 안대, 부목(골절용), 얼음 주머니 등

[그림 6-1] 유치원이나 어린이집에서 구비해야 할 구급용품

• 별도로 보관 관리해야 하는 의약 물품 혹은 비품
  - 모든 조제약 및 약품, 구강세척제
  - 비누, 샴푸, 락스, 세척제, 표백제 등 각종 세제류
  - 바닥 및 싱크대, 배수구 청소제
  - 살충제, 화학비료
  - 각종 가구광택제
  - 납이 함유된 유독성 페인트
  - 모기약, 팡이제로 등 압축가스를 이용한 각종 에어졸 제품
  - 향수 등 각종 화장품류

-개, 고양이, 토끼, 금붕어 등 애완동물용 먹이
-알콜성 음료 및 담배
-안전기준이 없는 크레용, 분필, 물감, 점토, 연필 등 미술용품
-본드 등 접착제

유아의 정상체온 범위는 넓게 36~37.8도다. 구강 체온이 37.5도가 넘으면 유아가 열이 있는 것이며, 만약 체온이 35도 이하라면 저체온증이다. 체온을 재는 일은 간호의 기본이므로 알아 두도록 한다.

1) 겨드랑이 밑으로 재는 방법

- 체온계의 눈금이 35도 이하를 가리키고 있는지 확인한다.
- 겨드랑이 밑의 땀을 닦아내고 한가운데에 체온계를 댄다.
- 체온계를 낀 팔을 반대쪽 팔로 꽉 누른다. 아기는 성인이 안고서 누른다.
- 표시된 시간보다 더 긴 시간을 잰다(2분 이상).
- 잰 다음, 체온계는 눈금을 35도 이하로 떨어뜨려 놓는다.

2) 구강으로 재는 방법

- 유아가 먹거나 마신 지 적어도 15분은 지난 후 체온을 재도록 한다. 체온을 재기 전의 음식물 섭취는 입 안의 온도에 영향을 줄 수 있고 체온계를 읽는 데 변화를 주기 때문이다.
- 체온계의 구를 유아의 혀 아래에 놓는다. 유아가 체온계를 물지 않고 입을 다물도록 한다.
- 체온계를 3분 동안 유아의 혀 아래에 놓아 둔다. 혓바닥과 입천장 사이에 체온계의 구를 두어야 정확한 체온을 잴 수 있다.

2. 투약법

약은 의사의 진찰을 받고 투약지시에 따라 먹이도록 한다. 약을 먹인 후에는 유아의 상태를 관찰하고 구역질, 발진 등의 부작용이 있을 때는 의사와 상담하도록 한다.

약 먹기를 싫어하지 않을까 하는 등의 불안을 성인이 갖고 있으면 유아는 그 마음을 민감하게 알아차리고 약을 먹지 않으려 한다. 당연히 먹는 것이라는 태도를 보여 주어야 하며, 유아의 경우는 생각할 시간을 주지 말고 빨리 먹여야 한다.

1) 약의 취급방법

- 의사에게서 받은 약의 날짜와 약 이름을 적어 둔다.
- 보관 장소는 더운 곳이나 직사광선을 피하고 습기가 적은 곳에, 가루약은 물에 젖지 않게 하고 물약은 냉장고 속에 보관한다.
- 지시대로 시간과 분량을 지킨다.

2) 가루약 먹이는 방법

영아의 경우는 적은 양의 물로 걸쭉하게 만들어 손가락 끝으로 볼 안쪽이나 위턱에 바르고, 끓여서 식힌 물로 마시게 하며, 4세 이상이 되면 어른과 같은 방법으로 먹이고 칭찬해 준다.

3) 물약 먹이는 방법

유아의 물약은 달고 마시기 쉽게 개발되고 있다. 그래도 먹지 않을 때는 의사와 상담해서 가루약으로 바꾸는 것도 하나의 방법이다.

- 병 밑에 가라앉은 약은 거품이 나지 않게 병을 흔들어 녹인다. 그리고 병에 새겨진 눈금을 눈높이에 두고 정확한 양을 잰다.
- 유아를 안고 순가락으로 약을 입에 넣는다.

3. 영 · 유아를 위한 응급처치법

응급처치는 사고를 당한 영유아에게 의사의 치료를 받기까지의 즉각적이며 임시적인 처치다. 긴급상황이 발생했을 때 교사는 신속 · 침착 · 정확한 처치를 취함으로써 가능한 한 피해를 줄여야 한다.

1) 안전사고에 대한 응급처치의 기본 방향

- 사고 시를 대비해 역할 분담을 미리 해 둔다.
- 사고 상황에서 필요한 전화번호를 준비해 둔다.
- 응급처치에 관한 지식과 기술을 익혀 둔다.
- 상비 의약품 및 기구를 준비해 둔다.

2) 응급처치 종류와 방법

(1) 코에서 피가 날 때

코 부분의 타박상으로 코피가 날 수도 있지만 피곤하거나 코를 후비다가 모세혈관을 자극하는 등 사소한 원인에 의하여 코피가 나기도 한다. 코피가 났을 때 흔히 목을 뒤로 젖히도록 하지만 그러한 처치는 바람직하지 못하다. 코피가 나는 경우의 바람직한 응급처치는 다음과 같다.

코피가 나는 경우에는 유아를 의자에 앉히고 머리를 앞으로 약간 굽히게 하여 코피가 목구멍으로 들어가 삼키지 않도록 해 준 다음 두 손가락으로 코 앞쪽 아랫부분을 2~3분 정도 누른다. 찬 물수건이나 얼음주머니를 코에 올려놓아 콧속의 혈관을 수축하게 하여 코피를 멈추게 해 준다.

(2) 멍이 들었을 때

손상된 부위를 높여 주고 찬찜질을 해 준다. 눈 주위가 시퍼렇게 멍이 들고 충혈이 되면 눈 속의 출혈을 의심할 수 있으므로 안과 전문의의 진단을 받도록 한다. 멍든 곳을 손으로 문지르면 회복 후 그 부위가 함몰될 수 있으므로 주의한다.

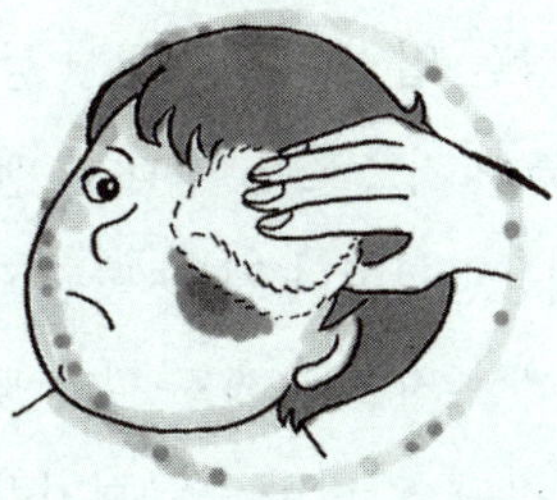

(3) 화상을 입었을 때

화상은 피부가 뜨거운 열, 액체, 증기, 화학물질, 햇볕, 전기 등에 노출되어 손상을 입는 것이다. 열에 의한 화상을 입었을 때의 구체적인 응급처치 방법은 다음과 같다.

우선 덴 부위를 흐르는 차가운 물에 10~15분 정도 식혀 주어야 한다. 만약 상처 부위가 넓으면 욕조에 차가운 물을 받아 잠깐 담그거나 차가운 물에 적신 보푸라기가 일지 않은 깨끗한 면으로 된 천을 덮어 주어도 된다. 혹시 옷을 입고 있는데 벗겨야 하는 경우는 무리해서 벗기지 말고 가위로 잘라내야 하며, 떨어지지 않는 옷은 억지로 떼지 말고 그대로 식힌다.

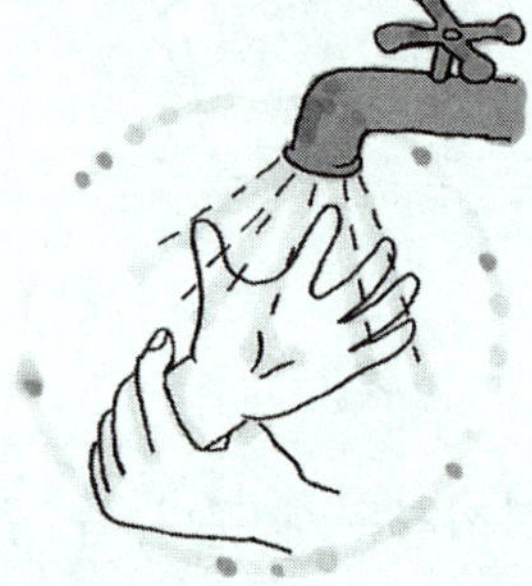

(4) 베거나 찰과상을 입었을 때

작은 부위를 베거나 찰과상을 입었을 경우에는 상처 부위를 흐르는 물에 비누로 씻고 헹군다. 물기를 깨끗한 거즈로 닦아 내고 벤 경우에는 상처가 붙도록 거즈를 덮고 꼭 누른 다음 일회용반창고나 거즈, 반창고를 붙인다.

상처가 크고 깊거나 5분 이상 지혈을 해도 피가 멎지 않으면 간단한 응급처치 후 곧바로 병원으로 데리고 간다. 간단한 응급처치란 상처를 깨끗한 거즈 등으로 꼭 누른 후 소독된 거즈를 덮고 그 위를 탄력 붕대 등으로 단단히 묶어 압박한다. 그런 다음 상처 부위를 높이 들어 피의 흐름을 늦추면서 병원으로 데리고 간다.

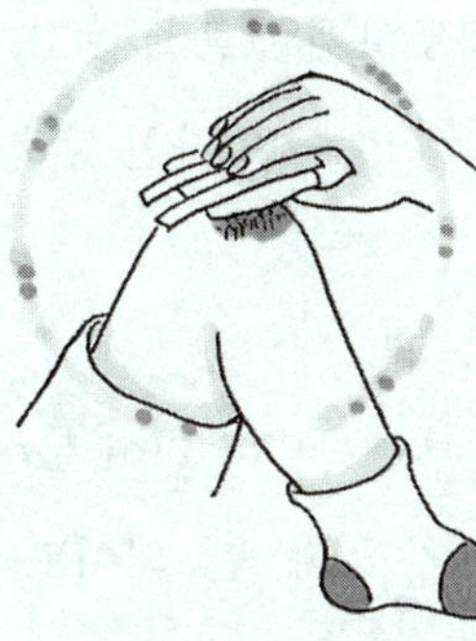

(5) 골절상을 입었을 때

유아는 장난을 치거나 운동을 하다가 골절되는 경우가 많다. 골절이란 뼈에 금이 가거나 부러지는 경우를 말한다. 뼈가 부러져서 피부 바깥으로 나오는 경우와 그렇지 않은 경우가 있는데, 각각의 경우에 대한 응급처치는 다음과 같다.

뼈가 부러져서 피부 바깥으로 나온 경우는 골절이라는 것이 쉽게 파악되므로 손상된 부분을 소독된 거즈로 넓게 덮거나 붕대를 느슨하게 감아 넓게 부목을 대어 빨리 병원으로 데리고 간다. 뼈가 피부 바깥으로 나오지 않아 골절의 여부가 정확하지 않은 경우라도 몹시 아파하고, 상처 주위가 부어오르고, 멍이 들어 있으며, 움직이지 못하고, 상처 주위의 몸의 형태가 이상하면 골절을 의심해 보아야 한다. 이 경우에는 상처를 중심으로 하여 윗부분이나 아랫부분의 관절까지를 움직이지 못하도록 부목을 대고 상처 부위를 높게 하여 병원으로 데리고 간다. 병원

으로 데리고 갈 때에는 몸을 따뜻하게 보온해 주고 상처 주위의 모양이 이상하다고 해서 바로 잡으려 해서는 절대 안 되며 다친 상태 그대로 데리고 간다.

(6) 귀에 이물질이 들어갔을 때

귀에 들어간 이물질이 작고 부드러우며 깊이 들어가지 않아서 핀셋 등으로 이물질을 꺼낼 수 있으면 별 문제가 없다. 단, 외이도나 중이 등을 찌를 수 있고, 그 부위가 곪을 수 있으므로 신중을 기해야 한다.

귀에 곤충이 들어갔을 때는 손전등으로 귀를 비추어 나오게 할 수 있다. 이물질이 들어가거나 나온 후에 유아가 통증을 호소하면 곧바로 이비인후과나 병원의 응급실로 데리고 가야 한다.

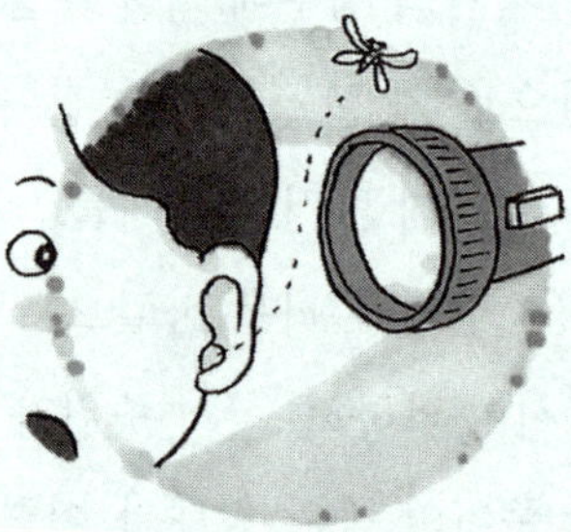

3) 유아사고의 예방

- 유아, 교사, 학부모가 안전의 필요성 및 중요성을 알고 안전교육을 체계적, 지속적으로 실시한다.
- 사례 중심의 토의 방식으로 안전교육을 실시한다.
- 시설, 설비의 정기적으로 철저히 점검하고 계속적인 보살핌을 받아야 한다.
- 유아교육기관에서는 교사들이 시설 각 부분의 점검을 각자 분담하여 책임을 지고 정기적으로 점검하여 그 결과를 기록으로 남긴다.

• 사고가 예상되는 장소, 시설은 즉시 개선하거나 개선될 때까지 안전 표지판을 설치하여 접근을 막아야 한다.

4) 유아사고의 처리

유아교육기관에서 유아가 사고를 당하게 되면 응급조치를 취해야 한다. 학기초에 부모님께 받았던 서류(동의서 및 비상연락망)를 참고하여 1차로 부모님께 연락을 하고 연락이 안 될 경우 2차로 부모가 원하는 병원으로 이송하는 것이 차후 문제 해결에 좋다.

상황이 위급하여 큰 병원으로 가야 할 것으로 판단되면 119 구급대에 연락하여 종합병원으로 가도록 한다.

제3부

안전교육 프로그램의 실제

주제 1. 생활안전

주제 2. 교통안전

주제 3. 신변안전

주제 4. 재해안전

주제 1

생/활/안/전/

어떻게 할까요

<table>
<tr><td>주제 영역</td><td colspan="2">위험한 장소</td></tr>
<tr><td>목 표</td><td colspan="2">1. 놀이영역에서 '떨어지거나 넘어지는 것을 방지하는 방법'을 알고, 추락의 위험이 더욱 많은 사람을 확인(영아, 개구쟁이, 임산부 등) 한다.
2. 추락을 이끌 수 있는 환경에서 잠재적으로 위험한 상황을 인식하고 추락에 대한 안전태도를 형성한다.
3. 누군가를 밀거나 뛰었을 때 일어날 수 있는 결과를 알고 그에 대한 알맞은 방법으로 대처한다.</td></tr>
<tr><td>방 법</td><td colspan="2">이야기 나누기</td></tr>
<tr><td>대 상</td><td colspan="2">만 3~5세</td></tr>
<tr><td>준비물</td><td colspan="2">상황그림 자료 3장</td></tr>
<tr><td rowspan="2">과 정</td><td>I 수준</td><td>II 수준</td></tr>
<tr><td>1. (상황그림 자료 1을 보여 주면서) 유아에게 위험 상황에 대해 들려준다.
'넌 이제 막 목욕을 마쳤단다. 엄마는 너에게 스스로 욕조 안의 물을 빼내고 몸을 말리라고 말씀하셨지. 그런데 그때 초인종이 울리는 거야. 그래서 엄만 인터폰을 받으시기 위해 목욕탕을 나가셨어. 네가 욕조에서 일어섰을 때 넌 욕조 바닥에 떨어져 있는 비누를 보게 되었단다.'
2. (상황그림 자료 1을 보면서) '내가 만일' 이런 상황에 있다면 어떻게 행동할 것인지를 이야기해 본다.
• '내가 만일' 이런 상황에 있다면 어떻게 행동해야 안전할까요?
– 비누를 주워서 비누 통에 잘 담아 두어야 한단다.
– 만일 욕조 바닥에 떨어져 있는 비누를 그대로 남겨 둔 채 욕조 밖으로 나오려고 한다면 넌 그만 미끄러져서 크게 다칠 수도 있단다.
3. (상황그림 자료 2를 보여 주면서) 유아에게 위험 상황에 대해 들려준다.
'너는 아파트 3층에서 살고 있단다. 어느 날 유치원(어린이집)을 마치고 집에 가려고 혼자 엘리베이터를 타고 있는데 갑자기 엘리베이터가 멈춰 버린 거야.'</td><td>1. (상황그림 자료 1을 보여 주면서) 유아에게 위험 상황에 대해 들려준다.
'넌 이제 막 목욕을 마쳤단다. 엄마는 너에게 스스로 욕조 안의 물을 빼내고 몸을 말리라고 말씀하셨지. 그런데 그때 초인종이 울리는 거야. 그래서 엄만 인터폰을 받으시기 위해 목욕탕을 나가셨어. 네가 욕조에서 일어섰을 때 넌 욕조 바닥에 떨어져 있는 비누를 보게 되었단다.'
2. (상황그림 자료 1을 보면서) '내가 만일' 이런 상황에 있다면 어떻게 행동할 것인지를 이야기해 본다.
• '내가 만일' 이런 상황에 있다면 어떻게 행동해야 안전할까요?
– 비누를 주워서 비누 통에 잘 담아 두어야 한단다.
– 만일 욕조 바닥에 떨어져 있는 비누를 그대로 남겨 둔 채 욕조 밖으로 나오려고 한다면 넌 그만 미끄러져서 크게 다칠 수도 있단다.
3. 또 다른 대처 방안에 대해서도 토의해 본다.
• 다른 안전한 방법은 무엇일까 생각해 볼 수 있나요?
4. (상황그림 자료 2를 보여 주면서) 유아에게 위험 상황에 대해 들려준다.</td></tr>
</table>

과 정

4. (상황그림 자료 2를 보면서) '내가 만일' 이런 상황에 있다면 어떻게 행동할 것인지를 이야기해 본다.

• '내가 만일' 이런 상황에 있다면 어떻게 행동해야 안전할까요?

– 엘리베이터가 다시 위로 올라갈지 모르니 잠시 기다려 본다.

– 좀 기다려 봐도 엘리베이터가 다시 위로 올라가지 않으면 '▶◀' 버튼을 누른다. 그러고 나서 층 버튼을 다시 누른다.

– 만일 그래도 엘리베이터가 움직이지 않는다면, 빨간색으로 표시되어 있는 비상 버튼을 누른다. 그러면 엘리베이터가 멈춰 섰다는 것을 다른 사람들이 알 수 있도록 큰 경보벨이 울린다.

– 만일 엘리베이터 안에 비상버튼이 없다면 침착하게 기다리도록 한다.

– 엘리베이터의 바닥, 문, 벽을 두드려서 갇혔다는 것을 알리도록 한다. 도와달라고 큰 소리로 외쳐야 한다. 그러면 조만간 누군가가 그 소리를 듣고 널 도와주러 올 것이다.

5. (상황그림 자료 3을 보여 주면서) 유아에게 위험 상황에 대해 들려준다.

'친구가 2층 계단을 오르내리면 술래잡기를 하자고 하는 거야'

6. (상황그림 자료 3을 보면서) '내가 만일' 이런 상황에 있다면 어떻게 행동할 것인지를 이야기해 본다.

• '내가 만일' 이런 상황에 있다면 어떻게 행동해야 안전할까요?

– 만일 계단에서 미끄러져서 아래로 떨어진다면 크게 다칠 수도 있다. 팔다리가 부러질 수도 있고, 심지어는 머리를 부딪칠 수도 있다.

– 계단을 오르내릴 때에는 반드시 발 밑을 보면서 계단의 난간을 꼭 잡고 걸어야 한다.

'너는 아파트 3층에서 살고 있단다. 어느 날 유치원(어린이집)을 마치고 집에 가려고 혼자 엘리베이터를 타고 있는데 갑자기 엘리베이터가 멈춰 버린 거야.'

5. (상황그림 자료 2를 보면서) '내가 만일' 이런 상황에 있다면 어떻게 행동할 것인지를 이야기해 본다.

• '내가 만일' 이런 상황에 있다면 어떻게 행동해야 안전할까요?

– 엘리베이터가 다시 위로 올라갈지 모르니 잠시 기다려 본다.

– 좀 기다려 봐도 엘리베이터가 다시 위로 올라가지 않으면 '▶◀' 버튼을 누른다. 그러고 나서 층 버튼을 다시 누른다.

– 만일 그래도 엘리베이터가 움직이지 않는다면, 빨간색으로 표시되어 있는 비상 버튼을 누른다. 그러면 엘리베이터가 멈춰 섰다는 것을 다른 사람들이 알 수 있도록 큰 경보벨이 울린다.

– 만일 엘리베이터 안에 비상버튼이 없다면 침착하게 기다리도록 한다.

– 엘리베이터의 바닥, 문, 벽을 두드려서 갇혔다는 것을 알리도록 한다. 도와달라고 큰 소리로 외쳐야 한다. 그러면 조만간 누군가가 그 소리를 듣고 널 도와주러 올 것이다.

6. 또 다른 대처 방안에 대해서도 토의해 본다.

• 다른 안전한 방법은 무엇일까 생각해 볼 수 있나요?

7. (상황그림 자료 3을 보여 주면서) 유아에게 위험 상황에 대해 들려준다.

'친구가 2층 계단을 오르내리면 술래잡기를 하자고 하는 거야'

8. (상황그림 자료 3을 보면서) '내가 만일' 이런 상황에 있다면 어떻게 행동할 것인지를 이야기해 본다.

• '내가 만일' 이런 상황에 있다면 어떻게 행동해야 안전할까요?

– 계단은 놀이하기에는 안전하지 못한 장소다.

– 만일 계단에서 미끄러져서 아래로 떨어진다면 크게 다칠 수도 있다. 팔다리가 부러질 수도 있고, 심지어는 머리를 부딪칠 수도 있다.

과 정		- 계단을 오르내릴 때에는 반드시 발 밑을 보면서 계단의 난간을 꼭 잡고 걸어야 한다. 9. 또 다른 대처 방안에 대해서도 토의해 본다. • 다른 안전한 방법은 무엇일까 생각해 볼 수 있나요?
소요 시간	약 20~30분	

상황그림 자료 1

상황그림 자료 2

상황그림 자료 3

넌 도울 수 있니

주제 영역	위험한 상황	
목 표	1. 위험한 상황을 알고 올바르게 대처할 수 있다. 2. 위험한 장소를 알고 안전하게 행동할 수 있다.	
방 법	이야기 나누기	
대 상	만 3~5세	
준비물	상황그림 자료 3장	
	I 수준	II 수준
과 정	1. (상황그림 자료 1을 보여 주면서) 유아들에게 이야기를 해 준다. • 할아버지는 어떻게 해야 할까요? • 왜 할아버지에게는 지팡이가 필요한가요? • 너희들이라면 어떻게 도와줄 수 있나요? 2. (상황그림 자료 2를 보여 주면서) 유아들에게 이야기를 해 준다. • 그녀가 뛰었다면 어떤 일이 일어났을까요? • ○○의 엄마와 배 속의 아기를 위해 이것은 안전한 행동일까요? • ○○의 엄마와 배 속의 아기를 위해 안전한 행동은 무엇일까요? 3. (상황그림 자료 3을 보여 주면서) 유아들에게 이야기를 해 준다. • 만약에 철수가 난간을 잡지 않고 계단을 오르내리면 어떤 일이 일어날까요? • 철수가 안전하게 계단을 오르내리려면 우리가 어떻게 해 줘야 할까요?	1. (상황그림 자료 1을 보여 주면서) 유아들에게 이야기를 해 준다. • 할아버지는 어떻게 해야 할까요? • 왜 할아버지에게는 지팡이가 필요한가요? • 지팡이가 이 사람에게 어떻게 안전하게 해 줄까요? 2. (상황그림 자료 2를 보여 주면서) 유아들에게 이야기를 해 준다. • 그녀가 뛰었다면 어떤 일이 일어났을까요? • ○○의 엄마와 배 속의 아기를 위해 이것은 안전한 행동일까요? 3. (상황그림 자료 3을 보여 주면서) 유아들에게 이야기를 해 준다. • 만약에 철수가 난간을 잡지 않고 계단을 오르내리면 어떤 일이 일어날까요? 4. (다시 상황그림 자료 1을 보면서) 유아들에게 이야기의 끝부분은 어떻게 될지에 대해 말해 보게 한다. • 너희들이라면 어떻게 도와줄 수 있나요? 5. (다시 상황그림 자료 2를 보면서) 유아들에게 이야기의 끝부분은 어떻게 될지에 대해 말해 보게 한다. • ○○의 엄마와 배 속의 아기를 위해 안전한 행동은 무엇일까요? 6. (다시 상황그림 자료 3을 보면서) 유아들에게 이야기의 끝부분은 어떻게 될지에 대해 말해 보게 한다. • 철수가 안전하게 계단을 오르내리려면 우리가 어떻게 해 줘야 할까요?
소요 시간	약 20~30분	
교사 역할	유아들에게 동기 부여가 되는 질문을 통해 토의를 하게 한다.	

상황그림 자료 1

(교사의 설명) "걸음을 잘 걷지 못하는 할아버지가 길을 걷고 있었어. 그런데 지팡이를 가지고 오지 않았다는 것을 알았어."

상황그림 자료 2

(교사의 설명) "○○의 엄마가 아기를 막 낳으려고 하나 봐. 배가 너무 많이 아파서 빨리 걷는 것도 힘들었어. ○○는 엄마가 빨리 뛰어갔으면 했어."

상황그림 자료 3

(교사의 설명) "○○의 동생 철수는 두 살이야. 철수는 계단을 혼자서 올라갔다가 내려갔다가 해. 난간을 잡기에는 너무 어렸어."

위험한 물건을 만지지 말아요

구분	I 수준	II 수준
주제 영역	위험한 물건	
목 표	1. 위험의 소지가 있는 도구들을 확인한다. 2. 위험의 소지가 있는 도구와 직면하게 될 때 개인적인 위험을 최소화하는 태도를 지닌다. 3. 유아가 위험한 도구를 사용해야 할 때나 친구들에게 위협적으로 사용할 때 대처 방법을 익힌다.	
방 법	이야기 나누기	
대 상	만 3~5세	
준비물	상황그림 자료 4장, 활동지, 빨간색과 초록색의 크레파스	
과 정	1. (상황그림 자료 1을 보여 주면서) 이런 상황에서 일어날 수 있는 안 좋은 일을 예측해 본다. • 의자 속에서 엄마의 날카로운 바느질과 가위 세트를 발견했을 때 어떤 위험한 일이 일어날까요? 2. (상황그림 자료 2를 보여 주면서) 이런 상황에서 일어날 수 있는 안 좋은 일을 예측해 본다. • 동생이 식탁 위에 있는 부엌칼이 있는 곳으로 기어가고 있으면 어떤 위험한 일이 일어날까요? 3. (상황그림 자료 3을 보여 주면서) 이런 상황에서 일어날 수 있는 안 좋은 일을 예측해 본다. • 친구들이 총알이 나오는 장난감 총을 가지고 놀고 있었는데 자기네들이 싫어하는 친구들에게 쏘려고 해요. 어떤 위험한 일이 일어날까요? 4. (상황그림 자료 4를 보여 주면서) 이런 상황에서 일어날 수 있는 안 좋은 일을 예측해 본다. • 가장 친한 친구가 같이 자기 아빠의 주머니칼로 함께 놀자고 해요. 어떤 위험한 일이 일어날까요? 5. (다시 상황그림 자료 1~4를 보면서) 그것들을 예방할 수 있는 방법에 대해 물어보고 찾아본다. • 우리가 위험하지 않으려면 어떻게 해야 할까요? 6. 다음의 안전수칙을 교실에 붙인다. – 칼, 바늘 등 위험한 물건은 부모에게 허락을 받지 않고는 절대 만지지 않는다. – 칼이나 위험한 물건을 발견했다면 부모 또는 다른 성인에게 즉시 알린다. – 칼, 다른 위험한 물건에 대해 궁금한 게 있을 때는 함부로 만지지 말고 물어본다.	1. (상황그림 자료 1을 보여 주면서) 이런 상황에서 일어날 수 있는 안 좋은 일을 예측해 본다. • 의자 속에서 엄마의 날카로운 바느질과 가위 세트를 발견했을 때 어떤 위험한 일이 일어날까요? 2. (상황그림 자료 2를 보여 주면서) 이런 상황에서 일어날 수 있는 안 좋은 일을 예측해 본다. • 동생이 식탁 위에 있는 부엌칼이 있는 곳으로 기어가고 있으면 어떤 위험한 일이 일어날까요? 3. (상황그림 자료 3을 보여 주면서) 이런 상황에서 일어날 수 있는 안 좋은 일을 예측해 본다. • 친구들이 총알이 나오는 장난감 총을 가지고 놀고 있었는데 자기네들이 싫어하는 친구들에게 쏘려고 해요. 어떤 위험한 일이 일어날까요? 4. (상황그림 자료 4를 보여 주면서) 이런 상황에서 일어날 수 있는 안 좋은 일을 예측해 본다. • 가장 친한 친구가 같이 자기 아빠의 주머니칼로 함께 놀자고 해요. 어떤 위험한 일이 일어날까요? 5. (다시 상황그림 자료 1~4를 보면서) 그것들을 예방할 수 있는 방법에 대해 물어보고 찾아본다. • 우리가 위험하지 않으려면 어떻게 해야 할까요? 6. 진짜 위험한 도구와 놀잇감 간의 차이점을 토의해 본다. – 우리가 안전하게 가지고 놀 수 있는 놀잇감에는 어떤 것이 있나요? – 우리가 만지면 안 될 위험한 도구나 무기는 어떤 것인가요?

과 정		7. (활동지를 복사해서 각 유아에게 나눠 주면서) 다음의 상황을 읽어 준다. "여기는 ○○아저씨의 창고야. 무언가 참 많이 있구나! ○○는 가지고 놀 것을 찾기 시작했어. ○○가 안전하게 가지고 놀 수 있는 놀잇감을 너희가 좀 찾아 줄 수 있겠니? 안전한 놀잇감에는 초록색으로 동그라미 해 줘. 너희는 ○○가 만지면 안 될 위험한 도구나 무기를 알 수 있겠니? ○○가 만지지 못하도록 빨간 크레파스로 X를 표시해 보자." 8. 유아들과 다음의 안전수칙을 토의하고 교실에 붙인다. • 우리가 지켜야 할 안전수칙은 어떤 것이 있나요? – 칼, 바늘 등 위험한 물건은 부모에게 허락을 받지 않고는 절대 만지지 않는다. – 칼이나 위험한 물건을 발견했다면 부모 또는 다른 성인에게 즉시 알린다. – 칼, 다른 위험한 물건들에 대해 궁금한 게 있을 때는 함부로 만지지 말고 물어본다.
소요 시간	약 20~30분	
교사 역할	1. 안전한 놀잇감만을 가지고 활동하는 태도를 지니게 한다. 2. 유아가 위험한 물건에 대한 안전수칙을 기억하도록 주기적으로 반복한다.	

상황그림 자료 1

상황그림 자료 2

상황그림 자료 3

상황그림 자료 4

활동지

어떻게 해야 할까요?

주제 영역	추락 안전	
목 표	1. 상처받기 쉬운 뇌와 척추가 어디에 위치하는지를 알고 그것들이 해를 입었을 때의 신체적 영향을 안다. 2. 위험한 행동을 알고 몸을 보호하는 태도를 지닌다. 3. 다친 사람이 있을 때 할 수 있는 안전한 절차를 인식하고 긍정적인 대안을 따른다.	
방 법	이야기 나누기	
대 상	만 3~5세	
준비물	상황그림 자료 3장, 두 가지 형태의 실제 전화기 2대, 119 대원 모자 등 관련 소품	
과 정	I 수준	II 수준
	1. (상황그림 자료 1을 보여 주면서) 비상상황을 유아들에게 들려준다. • "놀이터에서 놀고 있는데 친구가 놀이기구에서 떨어져서 머리와 등을 다쳤어." • 어떻게 해야 할까요? 2. (상황그림 자료 2를 보여 주면서) 비상상황을 유아들에게 들려준다. • "친구랑 목욕탕에서 물놀이를 하고 있는데 친구가 미끄러져 머리와 등을 다쳤어. 집에는 아무도 없었어." • 그럴 때 어떻게 할까요? 3. (상황그림 자료 1~2를 다시 보면서) 각 유아들과 어떻게 해야 할지에 대한 이야기를 나눈다.	1. (상황그림 자료 1을 보여 주면서) 비상상황을 유아들에게 들려준다. • "놀이터에서 놀고 있는데 친구가 놀이기구에서 떨어져서 머리와 등을 다쳤어." • 어떻게 해야 할까요? 2. (상황그림 자료 2를 보여 주면서) 비상상황을 유아들에게 들려준다. • "친구랑 목욕탕에서 물놀이를 하고 있는데 친구가 미끄러져 머리와 등을 다쳤어. 집에는 아무도 없었어." • 그럴 때 어떻게 할까요? 3. (상황그림 자료 3을 보여 주면서) 비상상황을 유아들에게 들려준다. • "할머니가 너를 돌보다가 부엌에서 넘어졌는데 할머니는 머리를 부딪혀 일어나거나 움직이지 못하셔." • 어떻게 할까요? 4. (상황그림 자료 1~3을 다시 보면서) 각 유아와 어떻게 해야 할지에 대한 이야기를 나눈다. 5. 각 유아가 대답한 후 이러한 상황이 벌어졌을 때 어떻게 해야 할지에 대해 토의한다. 6. 교실의 홍미 영역 한 부분을 전화기 영역으로 설치한다. 7. 비상전화 119를 인쇄하여 벽에 붙인다. 8. 유아에게 두 가지 형태의 전화에서 119를 어떻게 돌리는지 보여 준다. 9. (상황그림 자료 1~3을 다시 보면서 뇌 손상 혹은 척추 사고가 있다고 상상하고) 각 상황에서 유아들이 실제 119 대원들과 어떻게 말해야 될지에 대해 개별적으로 역할 놀이를 한다.
소요 시간	약 20~30분	

상황그림 자료 1

상황그림 자료 2

상황그림 자료 3

■ 정리함을 만들어 정리해요 ■

주제 영역	놀이 안전	
목 표	이야기 나누기	
방 법	만 3~5세	
대 상	커다란 종이가방, 물감, 스티커, 크레파스, 색연필, 매직 등의 필기구	
준비물	두 가지 형태의 실제 전화기 2대, 119 대원 모자 등 관련 소품	
과 정	I 수준	II 수준
	1. 모든 교구는 다 쓰고 나서 선반 위에 정리함으로써 모든 사람이 유치원(어린이집) 환경에서 안전을 유지할 수 있다는 책임감을 상기시킨다. • 다 쓰고 난 교구나 놀잇감은 어떻게 해야 할까요? 2. 유아들이 집에서도 그렇게 하도록 제의한다. • 집에서도 정리정돈을 한 친구들은 얘기해 줄 수 있나요? 3. 어질러져 있는 곳을 돌아다녔을 때 부모, 할머니, 할아버지, 형제자매에게 일어날 수 있는 사고를 강조한다. • 놀잇감이 어질러져 있는 곳을 지나가다가 다친 적이 있나요? – 놀이가 끝났을 때는 정리하라. 그렇지 않으면 좋지 않은 일이 생긴다. – 사람들이 돌아다니다가 넘어지고 떨어지고 놀잇감이 아래로 구르고 사람들도 구른다. 4. 정리정돈을 잘하자고 약속한다.	1. 모든 교구는 다 쓰고 나서 선반 위에 정리함으로써 모든 사람이 유치원(어린이집) 환경에서 안전을 유지할 수 있다는 책임감을 상기시킨다. • 다 쓰고 난 교구나 놀잇감은 어떻게 해야 할까요? 2. 유아들이 집에서도 그렇게 하도록 제의한다. • 집에서도 정리정돈을 한 친구들은 얘기해 줄 수 있나요? 3. 어질러져 있는 곳을 돌아다녔을 때 부모, 할머니, 할아버지, 형제자매에게 일어날 수 있는 사고를 강조한다. • 놀잇감이 어질러져 있는 곳을 지나가다가 다친 적이 있나요? – 놀이가 끝났을 때는 정리하라. 그렇지 않으면 좋지 않은 일이 생긴다. – 사람들이 돌아다니다가 넘어지고 떨어지고 놀잇감이 아래로 구르고 사람들도 구른다. 4. 유아들에게 큰 종이 가방을 주고 그 종이 가방을 색칠하고 스티커 등으로 꾸미게 한다. • 정리함을 만들어 정리해 볼 수 있나요? 5. 종이가방을 집으로 가져가서 '미끄러지는 사고의 방지'가 될 수 있도록 한다. • 집에 가서 미끄러져 넘어지거나 구를 수 있는 놀잇감을 집어넣어 보세요.
소요 시간	약 20~30분	
교사 역할	다음 날 유치원(어린이집)에 와서 집에서 가방 안에 무엇을 넣었는지에 대해 이야기를 나누어 본다.	

관련 소품

119

규칙을 만들어요

주제 영역	놀잇감 안전
목 표	주기적으로 반복함으로써 안전수칙을 안다.
방 법	이야기 나누기
대 상	만 3~5세
준비물	상황그림 자료 4장
과 정	**공통 수준** 1. (상황그림 자료 1~4를 보여 주면서) 유아들과 안전수칙을 토의한다. • 어떨 때 우리는 이런 안전수칙을 지켜야 할까요? 2. (상황그림 자료 1~4를 다시 보면서) 왜 이렇게 해야 되는지에 대하여 토의를 한다. • 왜 놀잇감을 정돈해야 할까요? • 왜 발 밑을 살펴보아야 할까요? • 왜 난간을 꼭 잡아야 할까요? • 친구를 떼밀면 어떻게 될까요? 3. 안전규칙을 써서 상황그림 자료 1~4와 함께 교실 벽면에 게시한다. – 놀잇감들을 정돈하라. – 네발 밑을 보아라. – 난간을 반드시 잡아라. – 친구를 떼밀지 마라.
소요 시간	약 20~30분
교사 역할	유아들이 안전수칙을 기억하도록 주기적으로 유치원(어린이집)에서 반복한다.

상황그림 자료 1

상황그림 자료 2

상황그림 자료 3

상황그림 자료 4

안전하게 놀이해요

<table>
<tr><td>주제 영역</td><td colspan="2">놀이안전</td></tr>
<tr><td>목 표</td><td colspan="2">1. 알맞지 않은 방법으로 놀이터기구를 사용할 때의 위험성을 확인하고 준비운동의 중요성을 인식한다.
2. 안전하지 못한 곳에서 놀 때 어떠한 일이 일어나게 되는지를 인식하고 자신을 안전하게 보호하려는 책임감을 갖는다.
3. 규칙을 지키지 않고 놀이 활동을 했을 때의 결과에 대해서 적절하게 대처한다.</td></tr>
<tr><td>방 법</td><td colspan="2">이야기 나누기</td></tr>
<tr><td>대 상</td><td colspan="2">만 3~5세</td></tr>
<tr><td>준비물</td><td colspan="2">상황그림 자료 3장</td></tr>
<tr><td rowspan="2">과 정</td><td>I 수준</td><td>II 수준</td></tr>
<tr><td>1. (상황그림 자료 1을 보여 주면서) 유아에게 위험 상황에 대해 들려준다.
'쉬는 시간에 운동장에서 한 친구가 아주 커다란 막대기를 발견하고는 그것을 줍는 거야. 그 아이는 막대기를 마구마구 흔들면서 운동장 주위를 뛰어다니고 있단다.'
2. (다시 상황그림 자료 1을 보면서) '내가 만일' 이런 상황에 있다면 어떻게 행동할 것인지를 이야기해 본다.
• '내가 만일' 이런 상황에 있다면 어떻게 행동해야 안전할까요?
– 그 친구에게 손에 막대기를 손에 쥔 채 뛰어다니면 안 된다고 말해 준다.
– 막대기 혹은 날카로운 물건을 손에 쥔 채 뛰어다니는 것은 매우 위험하다. 만일 그렇게 뛰어다니다가 넘어지기라도 하면 그 막대기에 찔릴 수도 있고 큰 상처가 생길 수도 있기 때문이다.
– 선생님이나 운동장 관리인에게 이러한 상황에 대해 알린다. 그러면 그 막대기 때문에 어느 누구도 다치지 않도록 확실한 조치를 취해 주실 것이다.
3. (상황그림 자료 2를 보여 주면서) 유아에게 위험 상황에 대해 들려준다.
'네가 지금 공원에서 미끄럼틀 꼭대기에 올라서서 아래로 내려오려고 하는데 미끄럼틀 바로 아래에 있는 모래 위에 친구가 놀고 있는 거야.'</td><td>1. (상황그림 자료 1을 보여 주면서) 유아에게 위험 상황에 대해 들려준다.
'쉬는 시간에 운동장에서 한 친구가 아주 커다란 막대기를 발견하고는 그것을 줍는 거야. 그 아이는 막대기를 마구마구 흔들면서 운동장 주위를 뛰어다니고 있단다.'
2. (다시 상황그림 자료 1을 보면서) '내가 만일' 이런 상황에 있다면 어떻게 행동할 것인지를 이야기해 본다.
• '내가 만일' 이런 상황에 있다면 어떻게 행동해야 안전할까요?
– 그 친구에게 손에 막대기를 손에 쥔 채 뛰어다니면 안 된다고 말해 준다.
– 막대기 혹은 날카로운 물건을 손에 쥔 채 뛰어다니는 것은 매우 위험하다. 만일 그렇게 뛰어다니다가 넘어지기라도 하면 그 막대기에 찔릴 수도 있고 큰 상처가 생길 수도 있기 때문이다.
– 그 친구는 자기 자신뿐만 아니라 다른 사람을 다치게 할 수도 있다.
– 선생님이나 운동장 관리인에게 이러한 상황에 대해 알린다. 그러면 그 막대기 때문에 어느 누구도 다치지 않도록 확실한 조치를 취해 주실 것이다.
3. 또 다른 대처 방안에 대해서도 토의해 본다.
• 다른 안전한 방법은 무엇일까 생각해 볼 수 있나요?</td></tr>
</table>

과 정	4. (다시 상황그림 자료 2를 보면서) '내가 만일' 이런 상황에 있다면 어떻게 행동할 것인지를 이야기해 본다. • '내가 만일' 이런 상황에 있다면 어떻게 행동해야 안전할까요? – 미끄럼틀 아래에서 놀고 있는 친구에게 거기서 놀면 위험하니까 좀 떨어진 곳으로 가서 놀았으면 좋겠다고 말해 준다. – 미끄럼틀 아래에서 놀고 있는 유아들에게 누군가가 미끄럼을 타고 내려오면 서로 부딪쳐서 두 사람 모두 크게 다칠 수도 있다는 것에 대해 설명해 준다. – 만일 어른의 도움이 필요하다면 어른에게 말씀드린다. – 미끄럼틀을 탈 때는 항상 앉아서 탄다. 5. (상황그림 자료 3을 보여 주면서) 유아에게 위험 상황에 대해 들려준다. '넌 지금 학교에서 그네를 타고 놀고 있단다. 그런데 친구가 네 뒤쪽으로 다가오더니 그네를 더 높이 올라가게 하려고 자꾸 밀어대는 거야. 그네는 너무 높이 올라가서 네가 어찌할 수 없는 상황이 되어 버렸고 넌 아래로 떨어질까 봐 겁이 나기 시작했단다.' 6. (다시 상황그림 자료 3을 보면서) '내가 만일' 이런 상황에 있다면 어떻게 행동할 것인지를 이야기해 본다. • '내가 만일' 이런 상황에 있다면 어떻게 행동해야 안전할까요? – 더 이상 그네를 밀지 말라고 말한다. 만일 그네가 너무 높이 올라가서 친구가 너의 말을 듣지 못했다면 큰 소리로 어른을 불러 도움을 요청해야 한다. – 그네가 아래로 천천히 내려올 수 있도록 다리를 흔들지 않는다. – 그네가 뒤쪽으로 움직일 때 발을 가볍게 땅에 대고 그네가 앞쪽으로 움직일 때는 절대로 발을 땅에 끌리게 해서는 안 된다. – 그네가 완전히 멈추었을 때 내린다. – 친구에게 그네를 그렇게 높이 밀면 그네를 타고 있던 나의 기분이 어땠을지 생각해 봤냐고 물어본다.	4. (상황그림 자료 2를 보여 주면서) 유아에게 위험 상황에 대해 들려준다. '네가 지금 공원에서 미끄럼틀 꼭대기에 올라서서 아래로 내려오려고 하는데 미끄럼틀 바로 아래에 있는 모래 위에 친구가 놀고 있는 거야.' 5. (다시 상황그림 자료 2를 보면서) '내가 만일' 이런 상황에 있다면 어떻게 행동할 것인지를 이야기해 본다. • '내가 만일' 이런 상황에 있다면 어떻게 행동해야 안전할까요? – 미끄럼틀 아래에서 놀고 있는 친구에게 거기서 놀면 위험하니까 좀 떨어진 곳으로 가서 놀았으면 좋겠다고 말해 준다. – 미끄럼틀 아래에서 놀고 있는 유아들에게 누군가가 미끄럼을 타고 내려오면 서로 부딪쳐서 두 사람 모두 크게 다칠 수도 있다는 것에 대해 설명해 준다. – 만일 어른의 도움이 필요하다면 어른에게 말씀드린다. 6. 또 다른 대처 방안에 대해서도 토의해 본다. • 다른 안전한 방법은 무엇일까 생각해 볼 수 있나요? – 미끄럼틀을 탈 때는 항상 앉아서 탄다. 7. (상황그림 자료 3을 보여 주면서) 유아에게 위험 상황에 대해 들려준다. '넌 지금 학교에서 그네를 타고 놀고 있단다. 그런데 친구가 네 뒤쪽으로 다가오더니 그네를 더 높이 올라가게 하려고 자꾸 밀어대는 거야. 그네는 너무 높이 올라가서 네가 어찌할 수 없는 상황이 되어 버렸고 넌 아래로 떨어질까 봐 겁이 나기 시작했단다.' 8. (다시 상황그림 자료 3을 보면서) '내가 만일' 이런 상황에 있다면 어떻게 행동할 것인지를 이야기해 본다. • '내가 만일' 이런 상황에 있다면 어떻게 행동해야 안전할까요? – 더 이상 그네를 밀지 말라고 말한다. – 만일 그네가 너무 높이 올라가서 친구가 너의 말을 듣지 못했다면 큰 소리로 어른을 불러 도움을 요청해야 한다. – 그네가 아래로 천천히 내려올 수 있도록 다리를 흔들지 않는다.

과 정	– 인내심을 갖고 밀지 말고 자기 차례를 기다린다. 7. 그 밖에 안전하게 놀이나 운동을 하기 위해 지켜야 할 일에 대해 이야기한다. – 놀이나 운동을 할 때는 항상 알맞은 옷을 입는다. – 운동을 하기 전후에는 반드시 준비운동을 한다. – 그네가 뒤쪽으로 움직일 때 네 발을 가볍게 땅에 대고 그네가 앞쪽으로 움직일 때는 절대로 발을 땅에 끌리게 해서는 안 된다. – 그네가 완전히 멈추었을 때 내린다. – 친구에게 그네를 그렇게 높이 밀면 그네를 타고 있던 나의 기분이 어땠을지 생각해 봤냐고 물어 본다. 9. 또 다른 대처 방안에 대해서도 토의해 본다. • 다른 안전한 방법은 무엇일까 생각해 볼 수 있나요? – 다른 아이가 타고 있을 때는 그네나 미끄럼틀에서 멀찌감치 떨어져 있는다. – 인내심을 갖고 밀지 말고 자기 차례를 기다린다. 10. 그 밖에 안전하게 놀이나 운동을 하기 위해 지켜야 할 일에 대해 이야기한다. – 놀이나 운동을 할 때는 항상 알맞은 옷을 입는다. – 운동을 하기 전후에는 반드시 준비운동을 한다.
소요 시간	약 20~30분
교사 역할	1. 유치원(어린이집) 기간 동안 내내 유아들이 잊어버리지 않도록 주기적으로 반복한다. 2. 본 활동에 들어가기 전에 놀이터 기구의 그림이나 사진을 유아의 눈높이에 게시한다. 3. 각 기구를 안전하게 이용하려면 필요한 규칙을 유아들이 만드는 것을 돕는다. 4. 교실의 한 영역에 이러한 규칙을 알맞은 놀이터 기구의 그림이나 사진에 붙인다. 5. 유아들이 놀이터 기구를 안전하게 사용하는 사진을 찍고 같은 놀이터 기구의 그림이나 사진들 옆에 붙인다. 6. 놀이터에서 안전한 행동을 하는 아이들에게 교실에 와서 칭찬딱지를 준다. 7. OHP 동화를 본다.

상황그림 자료 1

상황그림 자료 2

상황그림 자료 3

■ 자전거나 롤러스케이트는 조심해요 ■

<table>
<tr><td>주제 영역</td><td colspan="2">운동안전</td></tr>
<tr><td>목 표</td><td colspan="2">1. 알맞은 복장을 하고 자전거나 롤러스케이트를 탈 때의 규칙이나 신호를 인식한다.
2. 자전거나 롤러스케이트를 타기에 안전한 장소와 불안전한 장소를 확인하고 불안전한 길 밖에서의 위험을 피하고 올바른 판단을 한다.
3. 자전거나 롤러스케이트를 탈 때 일어날 수 있는 사고를 인식하고 대처 방안을 익힌다.</td></tr>
<tr><td>방 법</td><td colspan="2">이야기 나누기</td></tr>
<tr><td>대 상</td><td colspan="2">만 3~5세</td></tr>
<tr><td>준비물</td><td colspan="2">상황그림 자료 2장</td></tr>
<tr><td rowspan="2">과 정</td><td>I 수준</td><td>II 수준</td></tr>
<tr><td>1. (상황그림 자료 1을 보여 주면서) 유아에게 위험 상황에 대해 들려준다.
'날씨가 너무너무 좋은 거야. 그래서 넌 롤러스케이트를 타고 유치원(어린이집)에 가기로 마음먹었지. 그런데 차고와 집안을 아무리 찾아봐도 헬멧이 보이지 않는 거야.'
2. (다시 상황그림 자료 1을 보면서) '내가 만일' 이런 상황에 있다면 어떻게 행동할 것인지를 이야기해 본다.
• '내가 만일' 이런 상황에 있다면 어떻게 행동해야 안전할까요?
– 헬멧을 쓰지 않은 채로 롤러스케이트를 타서는 안 된다.
– 만일 헬멧을 찾지 못하면 친구들과 함께 유치원(어린이집)까지 걸어가야 한다.
– 헬멧을 끝내 찾지 못한다면 엄마나 아빠에게 다른 것으로 사달라고 부탁한다.
– 롤러스케이트를 타고자 할 때에는 그 거리가 비록 짧을지라도 반드시 헬멧을 착용해야 한다.
3. (상황그림 자료 2를 보여 주면서) 유아에게 위험 상황에 대해 들려준다.
'넌 지금 유치원(어린이집)에 늦지 않으려고 뛰어가고 있는 중이야. 이때 한 친구가 다가오더니 자전거 핸들 위에 태워 주겠다고 타라고 하는 거야.'
4. (다시 상황그림 자료 2를 보면서) '내가 만일' 이런 상황에 있다면 어떻게 행동할 것인지를 이야기해 본다.</td><td>1. (상황그림 자료 1을 보여 주면서) 유아에게 위험 상황에 대해 들려준다.
'날씨가 너무너무 좋은 거야. 그래서 넌 롤러스케이트를 타고 유치원(어린이집)에 가기로 마음먹었지. 그런데 차고와 집안을 아무리 찾아봐도 헬멧이 보이지 않는 거야.'
2. (다시 상황그림 자료 1을 보면서) '내가 만일' 이런 상황에 있다면 어떻게 행동할 것인지를 이야기해 본다.
• '내가 만일' 이런 상황에 있다면 어떻게 행동해야 안전할까요?
– 헬멧을 쓰지 않은 채로 롤러스케이트를 타서는 안 된다.
– 헬멧을 찾지 못하면 친구들과 함께 유치원(어린이집)까지 걸어가야 한다.
– 만일 헬멧을 끝내 찾지 못한다면 엄마나 아빠에게 다른 것으로 사 달라고 부탁한다.
– 롤러스케이트를 타고자 할 때에는 그거리가 비록 짧을지라도 반드시 헬멧을 착용해야 한다.
3. 또 다른 대처 방안에 대해서도 토의해 본다.
• 다른 안전한 방법은 무엇일까 생각해 볼 수 있나요?
4. (상황그림 자료 2를 보여 주면서) 유아에게 위험 상황에 대해 들려준다.
'넌 지금 유치원(어린이집)에 늦지 않으려고 뛰어가고 있는 중이야. 이때 한 친구가 다가오더니 자전거 핸들 위에 태워 주겠다고 타라고 하는 거야.'</td></tr>
</table>

<table>
<tr>
<td>과 정</td>
<td>• '내가 만일' 이런 상황에 있다면 어떻게 행동해야 안전할까요?
– 친구에게 고맙다고 인사는 하되 자전거 핸들 위나 자전거 뒷부분에 타서는 안 된다.
– 하나의 자전거에는 반드시 한 사람만 타야 한다. 왜냐하면 다리를 페달 위에 올려놓고 자전거 시트 위에 앉는 방법만이 자전거를 가장 안전하게 타는 방법이기 때문이다.
– 하나의 자전거에 두 명이 타게 되면 균형을 잃어서 사고가 날 수도 있다.
– 자전거를 운전하는 사람이 앞을 잘 볼 수 없기 때문에 조종하는 것이 어렵다.
– 어떤 자전거는 어린이들을 함께 태울 수 있는 보조 좌석을 갖추고 있기도 하지만 이때는 반드시 어른이 자전거를 조종해야 한다.
5. 다음의 안전규칙을 벽에 게시해 둔다.
– 자전거나 롤러스케이트를 탈 때는 항상 헬멧과 신발을 신는다.
– 젖은 길은 미끄러질 수 있고 위험하므로 안전거리를 두고 멈춘다.
– 자전거나 롤러스케이트는 반드시 물기 없는 마른 곳에서 탄다.
– 울퉁불퉁하지 않은 편평한 곳에서 자전거나 롤러스케이트를 탄다.
– 차가 다니는 도로에서는 아이들을 발견하기 어려우므로 찻길에서는 타지 않는다.</td>
<td>5. (다시 상황그림 자료 2를 보면서) '내가 만일' 이런 상황에 있다면 어떻게 행동할 것인지를 이야기해 본다.
• '내가 만일' 이런 상황에 있다면 어떻게 행동해야 안전할까요?
– 친구에게 고맙다고 인사는 하되 자전거 핸들 위나 자전거 뒷부분에 타서는 안 된다.
– 하나의 자전거에는 반드시 한 사람만 타야 한다. 왜냐하면 다리를 페달 위에 올려놓고 자전거 시트 위에 앉는 방법만이 자전거를 가장 안전하게 타는 방법이기 때문이다.
– 하나의 자전거에 두 명이 타게 되면 균형을 잃어서 사고가 날 수도 있다.
– 자전거를 운전하는 사람이 앞을 잘 볼 수 없기 때문에 조종하는 것이 어렵다.
– 어떤 자전거는 어린이들을 함께 태울 수 있는 보조 좌석을 갖추고 있기도 하지만 이때는 반드시 어른이 자전거를 조종해야 한다.
6. 또 다른 대처 방안에 대해서도 토의해 본다.
• 다른 안전한 방법은 무엇일까 생각해 볼 수 있나요?
7. 다음의 안전지침에 대해서 유아들과 토의하고 규칙을 벽에 게시해 둔다.
– 자전거나 롤러스케이트를 탈 때는 항상 헬멧과 신발을 신는다.
– 젖은 길은 미끄러질 수 있고 위험하므로 안전거리를 두고 멈춘다.
– 자전거나 롤러스케이트는 반드시 물기 없는 마른 곳에서 탄다.
– 울퉁불퉁하지 않은 편평한 곳에서 자전거나 롤러스케이트를 탄다.
– 차가 다니는 도로에서는 아이들을 발견하기 어려우므로 찻길에서는 타지 않는다.</td>
</tr>
<tr>
<td>소요
시간</td>
<td colspan="2">약 20~30분</td>
</tr>
<tr>
<td>교사
역할</td>
<td colspan="2">1. 안전지침을 기억하게 주기적으로 1년에 걸쳐서 반복적으로 시행한다.
2. 안전규칙 그림들을 본 활동을 시작하기 며칠 전부터 벽에 게시해 둔다.</td>
</tr>
</table>

상황그림 자료 1

상황그림 자료 2

■ 어떻게 할까요 ■

<table>
<tr><td>주제 영역</td><td colspan="2">동물안전</td></tr>
<tr><td>목 표</td><td colspan="2">1. 동물이 위협적인 존재가 될 수도 있다는 사실을 알 수 있다.
2. 애완동물의 위험성을 알고 안전하게 지내는 태도를 지닌다.
3. 애완동물에 물렸을 때 대처할 수 있는 방법에 대해 익힌다.</td></tr>
<tr><td>방 법</td><td colspan="2">이야기 나누기</td></tr>
<tr><td>대 상</td><td colspan="2">만 3~5세</td></tr>
<tr><td>준비물</td><td colspan="2">상황그림 자료 2장</td></tr>
<tr><td rowspan="2">과 정</td><td>I 수준</td><td>II 수준</td></tr>
<tr><td>1. (상황그림 자료 1을 보여 주면서) 유아에게 위험 상황에 대해 들려준다.
“강아지가 이제 막 저녁을 먹기 시작했어. 그런데 네가 새로운 강아지와 함께 놀고 싶어서 강아지를 만지려고 가까이 다가가자 갑자기 강아지가 으르렁거리며 마구 짖어대는 거야.”
2. (다시 상황그림 자료 1을 보면서) ‘내가 만일’ 이런 상황에 있다면 어떻게 행동할 것인지를 이야기해 본다.
• ‘내가 만일’ 이런 상황에 있다면 어떻게 행동해야 안전할까요?
– 강아지가 먹이를 먹고 있거나 잠자고 있을 때에는 절대로 건드려서는 안 된다.
– 강아지는 배가 고프거나 잠이 올 때는 놀고 싶어 하지 않는다.
– 강아지가 먹이를 다 먹을 때까지 기다려 주거나 깰 때까지 기다려야 한다.
– 강아지가 먹이를 다 먹고 난 후나 잠에서 깨어나게 되면 같이 즐겁게 놀아 줄 것이다.
3. (상황그림 자료 2를 보여 주면서) 유아에게 위험 상황에 대해 들려준다.
“네가 친구들과 함께 집안에서 놀고 있는데, 길 잃은 강아지 한 마리가 마당에서 서성거리며 왔다 갔다 하는 거야. 친구 중 한 명이 그 강아지를 예뻐해 주려고 강아지가 있는 쪽으로 다가가고 있단다.”
4. (다시 상황그림 자료 2를 보면서) ‘내가 만일’ 이런 상황에 있다면 어떻게 행동할 것인지를 이야기해 본다.</td><td>1. (상황그림 자료 1을 보여 주면서) 유아에게 위험 상황에 대해 들려준다.
“강아지가 이제 막 저녁을 먹기 시작했어. 그런데 네가 새로운 강아지와 함께 놀고 싶어서 강아지를 만지려고 가까이 다가가자 갑자기 강아지가 으르렁거리며 마구 짖어대는 거야.”
2. (다시 상황그림 자료 1을 보면서) ‘내가 만일’ 이런 상황에 있다면 어떻게 행동할 것인지를 이야기해 본다.
• ‘내가 만일’ 이런 상황에 있다면 어떻게 행동해야 안전할까요?
– 강아지가 먹이를 먹고 있거나 잠자고 있을 때에는 절대로 건드려서는 안 된다.
– 강아지는 배가 고프거나 잠이 올 때는 놀고 싶어 하지 않는다.
– 강아지가 먹이를 다 먹을 때까지 기다려 주거나 깰 때까지 기다려야 한다.
– 강아지가 먹이를 다 먹고 난 후나 잠에서 깨어나게 되면 같이 즐겁게 놀아 줄 것이다.
3. 또 다른 대처 방안에 대해서도 토의해 본다.
• 다른 안전한 방법은 무엇일까 생각해 볼 수 있나요?
4. (상황그림 자료 2를 보여 주면서) 유아에게 위험 상황에 대해 들려준다.
“네가 친구들과 함께 집안에서 놀고 있는데, 길 잃은 강아지 한 마리가 마당에서 서성거리며 왔다 갔다 하는 거야. 친구 중 한 명이 그 강아지를 예뻐해 주려고 강아지가 있는 쪽으로 다가가고 있단다.”</td></tr>
</table>

과 정	• '내가 만일' 이런 상황에 있다면 어떻게 행동해야 안전할까요? – 친구에게 그 강아지를 만지지 말라고 이야기해 준다. 왜냐하면 그 강아지가 사람을 잘 따르는지, 무섭고 사나운지 알 수 없기 때문이다. – 때로는 온순하고 얌전한 강아지라도 배가 고프거나, 겁을 먹은 상태로 있다면 사람을 보고 물어 버릴 수도 있다. – 만일 그 강아지가 너를 보고 짖어대거나 도망가려 한다면 그냥 그대로 내버려 둔다. – 절대로 낯선 개를 쫓아가서는 안 된다. – 엄마나 아빠에게 그 강아지에 대해 말씀드린다.	5. (다시 상황그림 자료 2를 보면서) '내가 만일' 이런 상황에 있다면 어떻게 행동할 것인지를 이야기해 본다. • '내가 만일' 이런 상황에 있다면 어떻게 행동해야 안전할까요? – 친구에게 그 강아지를 만지지 말라고 이야기해 준다. 왜냐하면 그 강아지가 온순하고 사람을 잘 따르는지, 무섭고 사나운지 알 수 없기 때문이다. – 때로는 온순하고 얌전한 강아지라도 지쳐 있거나, 배가 고프거나, 겁을 먹은 상태로 있다면 사람을 보고 물어 버릴 수도 있다. – 만일 그 강아지가 너를 보고 짖어대거나 도망가려 한다면 그냥 그대로 내버려 둔다. – 절대로 낯선 개를 쫓아가서는 안 된다. – 엄마나 아빠에게 그 강아지에 대해 말씀드린다. – 만일 그 강아지가 이름표 목걸이를 매달고 있다면 강아지의 주인에게 직접 연락을 해 주거나 그 지역의 동물보호 시설에 넘겨줄 수 있다. 6. 또 다른 대처 방안에 대해서도 토의해 본다. • 다른 안전한 방법은 무엇일까 생각해 볼 수 있나요?
소요 시간	약 20~30분	

상황그림 자료 1

상황그림 자료 2

주제 2

교/통/안/전/

신호 기다리기

주제 영역	교통안전	
목 표	1. 안전하게 걸어 다니는 방법을 안다. 2. 안전한 보행을 실천한다.	
방 법	이야기 나누기	
대 상	만 3~5세	
준비물	그림 자료 7장, 실물 놀이용 자동차, 색 테이프	
과 정	I 수준	II 수준
	1. 건너가는 표시 그림 자료를 유아에게 보여 주고 어떤 의미인지 설명해 준다. • 횡단보도 신호 그림 자료를 보여 주고 건널목은 매우 위험한 곳이며 길을 건널 때는 특히 안전에 유의해야 함을 설명한다. • 어린이 보호 신호 그림 자료를 보여 주고 어떤 의미인지를 설명한다. • 보행자 보행금지 신호 그림 자료를 보여 주고 어떤 의미인지 설명을 한다. • 통행금지 신호 그림 자료를 보여 주고 어떤 의미인지를 설명한다. • 위험 표지판 그림 자료를 보여 주고 어떤 의미인지 설명한다. • 보행등의 적색등화, 보행등의 녹색등화, 보행등의 점멸등화의 신호 그림을 보여 주고 어떤 의미인지 이야기를 나눈다. 2. 길을 안전하게 건널 때의 원칙에 대해 이야기 나눈다. • '멈춰 서서, 잘 살펴보고, 천천히 건너가는' 것을 보여 준다. • 복잡한 길거리에서 항상 조심해야 함을 강조한다. 3. 두 집단 이상으로 보행자 집단을 나눈다. 4. 바닥에 횡단보도를 붙인다. 5. 길 건너는 연습을 한다. 6. 각 집단이 활동을 되풀이하여 시행한다.	1. 건너가는 표시 그림 자료를 유아에게 보여 주고 어떤 의미인지를 추론하게 한 후 설명해 준다. • 횡단보도 신호 그림 자료를 보여 주고 어떤 의미인지를 추론하게 한다. – 건널목은 매우 위험한 곳이며 길을 건널 때는 특히 안전에 유의해야 함을 설명한다. • 어린이 보호 신호 그림 자료를 보여 주고 어떤 의미인지를 추론하게 한 후 설명한다. • 보행자 보행정지 신호 그림 자료를 보여 주고 어떤 의미인지 추론하게 한 후 이에 대해 설명을 한다. • 통행금지 신호 그림 자료를 보여 주고 어떤 의미인지를 추론하게 한 후 설명을 한다. • 위험 표지판 그림 자료를 보여 주고 어떤 의미인지를 추론하게 한 후 설명을 한다. • 보행등의 적색등화, 보행등의 녹색등화, 보행등의 점멸등화의 신호 그림을 보여 주고 어떤 의미인지를 추론하게 한 후 이야기를 나눈다. 2. 길을 안전하게 건널 때의 원칙에 대해 이야기 나눈다. • '멈춰 서서, 잘 살펴보고, 천천히 건너가는' 것을 보여 준다. • 복잡한 길거리에서 항상 조심해야 함을 강조한다.

과 정		3. 두 집단 이상으로 보행자 집단을 나눈다. 4. 바닥에 횡단보도를 붙인다. 5. 길 건너는 연습을 한다. 6. 각 집단이 활동을 되풀이하여 시행한다. 7. 교통신호들을 따르지 않으면 어떤 일이 일어날 지에 대해 토론한다.
소요 시간	약 20~30분	
교사 역할	1. 본 활동을 하기 며칠 전부터 보행자의 교통신호를 진열하고 각 신호의 뜻을 붙여둔다. 2. 집 주변의 건널목을 확인하고 유치원에 돌아와서 친구들과 이야기를 나눈다. 3. 유치원(어린이집) 근처의 횡단보도를 확인하고 길 건널 때의 올바른 절차를 익힌다.	

■ 항상 주의 깊게 보기 ■

<table>
<tr><td>주제 영역</td><td colspan="2">교통안전</td></tr>
<tr><td>목 표</td><td colspan="2">버스를 타고 내릴 때의 안전규칙을 안다.</td></tr>
<tr><td>방 법</td><td colspan="2">이야기 나누기</td></tr>
<tr><td>대 상</td><td colspan="2">만 3~5세</td></tr>
<tr><td>준비물</td><td colspan="2">상황그림 자료 3장, 의자</td></tr>
<tr><td rowspan="2">과 정</td><td>I 수준</td><td>II 수준</td></tr>
<tr><td>1. (상황그림 자료 1을 보여 주면서) 각 유아에게 유치원(어린이집)버스를 탈 때와 버스를 타려고 기다리는 곳에 대해 질문을 한다.
2. 길에 서 있을 때 운전자가 볼 수 있도록 서 있는 것이 중요하다는 것에 대한 이야기 한다.
3. 의자를 유치원(어린이집)버스라고 생각하고 정렬한다.
4. 어떻게 버스에 타고 내릴지에 대해 시연한다.
– 길을 건널 때는 버스기사가 볼 수 있도록 하는 것을 설명한다.
– 버스나 모든 차들이 떠날 때까지 잘 보고 뒤로 가서는 안 된다(후진주의).</td><td>1. (상황그림 자료 1을 보여 주면서) 각 유아에게 유치원(어린이집)버스를 탈 때와 버스를 타려고 기다리는 곳에 대해 질문을 한다.
2. 길에 서 있을 때 운전자가 볼 수 있도록 서 있는 것이 중요하다는 것에 대한 토의를 한다.
3. 의자를 유치원(어린이집)버스라고 생각하고 정렬한다.
4. 어떻게 버스에 타고 내릴지에 대해 시연한다.
– 길을 건널 때는 버스기사가 볼 수 있도록 하는 것을 설명한다.
– 버스나 모든 차들이 떠날 때까지 잘 보고 뒤로 가서는 안 된다(후진주의).
5. (상황그림 자료 2를 보여 주면서) 문제 상황에 대해 이야기 나눈다.
– 공이나 애완동물, 친구를 따라가기 위해 차도에 뛰어들지 말기
6. (상황그림 자료 3을 보여 주면서) 문제 상황에 대해 이야기 나눈다.
– '주차시킨 차 뒤에서 놀거나 서 있는 것은 매우 위험하다.' 는 것을 인식하기</td></tr>
<tr><td>소요 시간</td><td colspan="2">약 20~30분</td></tr>
</table>

상황그림 자료 1

상황그림 자료 2

상황그림 자료 3

안전한 탑승자

주제 영역	교통안전	
목 표	차 안에서 안전을 위해 지켜야 할 규칙에 대해 안다.	
방 법	이야기 나누기	
대 상	만 3~5세	
준비물	상황그림 자료 1장, 안전의자, 어깨띠, 허리띠	
과 정	I 수준	II 수준
	1. 유아들에게 '안전한/안전하지 않은' 상황그림 자료를 보여 준다. 2. (상황그림 자료를 보면서) 유아들과 함께 안전한 행동과 안전하지 않은 행동에 대해 이야기를 나누어 본다. • 안전한 사람이 누구라고 생각하나요? • 왜 ○○가 안전할까요? • 왜 △△는 안전하지 않나요? • 만일 운전사 아저씨가 갑자기 차를 세웠다면 △△에게는 어떤 일이 일어났을까요? 3. 대처 방안에 대한 이야기를 한다. • 차에 타면 어떻게 행동해야 할까요? – 안전벨트를 꼭 착용한다. – 반드시 안전수칙을 따른다. – 유아 혼자 차 속에 있지 않도록 한다. – 차의 문을 닫을 때는 손가락이 문에 끼지 않도록 자동차의 뒷문을 잠그도록 한다. – 창문을 내릴 때는 1/4 이상 내리지 못하도록 한다. – 차에서 내릴 때는 항상 인도 쪽 문을 이용한다. – 차도 쪽 문은 항상 잠가 두도록 한다. – 운전자가 운동할 때는 차내에서 조용히 한다.	1. 유아들에게 '안전한/안전하지 않은' 상황그림 자료를 보여 준다. 2. (상황그림 자료를 보면서) 유아들과 함께 안전한 행동과 안전하지 않은 행동에 대해 이야기를 나누어 본다. • 안전한 사람이 누구라고 생각하나요? • 왜 ○○가 안전할까요? • 왜 △△는 안전하지 않나요? • 만일 운전사 아저씨가 갑자기 차를 세웠다면 △△에게는 어떤 일이 일어났을까요? 3. 대처 방안에 대한 토의를 한다. • 차에 타면 어떻게 행동해야 할까요? – 안전벨트를 꼭 착용한다. – 반드시 안전수칙을 따른다. – 유아 혼자 차 속에 있지 않도록 한다. – 차의 문을 닫을 때는 손가락이 문에 끼지 않도록 자동차의 뒷문을 잠그도록 한다. – 창문을 내릴 때는 1/4 이상 내리지 못하도록 한다. – 차에서 내릴 때는 항상 인도 쪽 문을 이용한다. – 차도 쪽 문은 항상 잠가 두도록 한다. – 운전자가 운동할 때는 차내에서 조용히 한다. 4. 유아들은 안전의자 어깨띠와 허리띠를 사용하여 스스로 안전벨트를 매는 연습을 한다. 5. 급정거를 했을 때 유아는 벨트를 어떻게 잡아야 하는지를 시연한다. 6. 동생이나 좋아하는 동물을 보호하기 위해 띠를 매 주는 것도 연습한다.

과 정		7. 다음의 문장을 교사와 함께 낭송한다. • 안전띠를 누가 매어야 할까? 차안에서는 누구나 안전띠를 매자! 멀리 가든, 가까운 곳을 가든 안전은 항상 중요한 것! 기억해. 매일 안전띠를 매자!
소요 시간	약 20~30분	
교사 역할	1. 교실에 안전 영역을 설치한다. 2. 교사는 안전띠 매는 것의 중요성을 강조한다.	

상황그림 자료 1

상황그림 자료 2

■ 주제 3 ■

신/변/안/전/

■ 낯선 사람을 조심해요 ■

주제 영역	신변 안전
목 표	좋은 느낌과 나쁜 느낌을 알 수 있다.
방 법	이야기 나누기
대 상	만 3~5세
준비물	상황그림 자료 2장
과 정	**공통 수준** 1. (상황그림 자료 1에서 2까지 보여 주면서) 각각에 대해 상호작용을 한다. • 유치원(어린이집) 귀가 시간, 친구와 집에 가고 있어요. • 놀이터에서 혼자 놀고 있어요. 2. 좋은 느낌과 싫은 느낌에 대해 이야기 나눈다. • 이 세상에서 나를 가장 사랑하는 사람은 누구일까요? • 엄마가 안아 줄 때는 기분이 어떤가요? • 아빠가 뽀뽀해 줄 때 기분은 어땠지요? • 또 어떨 때 좋은 느낌이 났나요? • 친구가 머리를 잡아당기면 기분이 어떤가요? • 오빠 친구가 팔을 비틀면 기분이 어떨까요? • 네가 싫은데도 어른들이 자꾸 껴안아 주면 기분이 어땠나요? • 또 어떨 때 좋지 않은 기분이 들었지요? • 모르는 사람이거나 아는 사람이라도 네가 싫은데 너희(남아, 여아)들의 몸을 마구 만지고 쓰다듬으면 기분이 어떨까요? 3. 나쁜 느낌이 들 때 대처방법에 대해 이야기한다. • 그럴 때는 어떻게 해야 할까요? • 그런 사람이 있을 때에는 어떻게 해야 될까요? – 부모나 교사, 성인에게 반드시 알린다. 4. 부모님에게 반드시 허락을 받고 놀이한다.
소요 시간	약 20~30분
교사 역할	'무섭게 생긴 사람만이 나쁜 사람은 아니다.' 라는 것을 강조한다(언니, 누나, 잘생긴 아저씨일 수도 있음).

상황그림 자료 1

상황그림 자료 2

■ 어떻게 할까요 ■

구분	I 수준	II 수준
주제 영역	신변 안전	
목표	1. 낯선 사람을 함부로 따라가지 않아야 함을 안다. 2. 낯선 사람에 대한 경계심을 갖고 낯선 사람으로부터 자신을 보호하는 태도를 기른다. 3. 유괴 상황에 대해 대처방법을 익힌다.	
방법	이야기 나누기	
대상	만 3~5세	
준비물	상황그림 자료 2장	
과정	1. (상황그림 자료 1을 보여 주면서) 유아에게 위험 상황에 대해 들려준다. 2. (다시 상황그림 자료 1을 보면서) '내가 만일' 이런 상황에 있다면 어떻게 행동할 것인지를 이야기해 본다. • '내가 만일' 이런 상황에 있다면 어떻게 행동해야 안전할까요? – 절대로 그 차에 타서는 안 된다. – 그 낯선 사람은 엄마에 대해 전혀 알지도 못할뿐더러 엄마가 교통사고가 났다고 하는 것도 너를 차에 타게 하려고 다 꾸며낸 이야기다. – 호의를 베푸는 낯선 사람에게 친절하게 대하되, 그 사람이 힘이 미치지 못하는 거리만큼 멀찌감치 떨어져 있어야 한다. 즉, 낯선 사람이 타고 있는 자동차에 가까이 붙어 있어서는 안 된다. – 경찰 아저씨에게 좀 수상하게 여겨지는 사람이 있다고 말한다. – 낯선 사람이 타고 있는 자동차의 번호를 기억해 두면 더 좋다. – 주변에서 너를 안전하게 지켜 줄 수 있는 어른을 찾는다. 이웃일 수도 있고, 경찰 아니면 횡단보도에서 교통정리해 주는 가이드일 수도 있다. – 가까이에 있는 상점 안으로 들어가서 그 주인에게 도움을 청하는 방법도 있다. – 엄마에게 전화해서 네 귀로 직접 엄마에게 아무 일이 없었다는 것을 확인한다.	1. (상황그림 자료 1을 보여 주면서) 유아에게 위험 상황에 대해 들려준다. 2. (다시 상황그림 자료 1을 보면서) '내가 만일' 이런 상황에 있다면 어떻게 행동할 것인지를 이야기해 본다. • '내가 만일' 이런 상황에 있다면 어떻게 행동해야 안전할까요? – 절대로 그 차에 타서는 안 된다. – 그 낯선 사람은 엄마에 대해 전혀 알지도 못할뿐더러 엄마가 교통사고가 났다고 하는 것도 너를 차에 타게 하려고 다 꾸며낸 이야기다. – 호의를 베푸는 낯선 사람에게 친절하게 대하되, 그 사람이 힘이 미치지 못하는 거리만큼 멀찌감치 떨어져 있어야 한다. 즉, 낯선 사람이 타고 있는 자동차에 가까이 붙어 있어서는 안 된다. – 경찰 아저씨에게 좀 수상하게 여겨지는 사람이 있다고 말한다. – 낯선 사람이 타고 있는 자동차의 번호를 기억해 두면 더 좋다. – 주변에서 너를 안전하게 지켜 줄 수 있는 어른을 찾는다. 이웃일 수도 있고, 경찰 아니면 횡단보도에서 교통정리해 주는 가이드일 수도 있다. – 가까이에 있는 상점 안으로 들어가서 그 주인에게 도움을 청하는 방법도 있다. – 엄마에게 전화해서 네 귀로 직접 엄마에게 아무 일이 없었다는 것을 확인한다.

<table>
<tr>
<td>과 정</td>
<td>3. 낯선 사람은 어떻게 생겼을지 대해 이야기한다.
• 낯선 사람은 어떻게 생겼을까요?
– 무섭게 생긴 사람만이 나쁜 사람은 아니다.
– 언니, 누나, 아줌마, 잘생긴 아저씨일 수도 있다.
4. (상황그림 자료 2를 보여 주면서) 유아에게 위험 상황에 대해 들려준다.
5. 길을 잃어버린 경험에 대해 이야기한다.
• 엄마, 아빠와 떨어져 지낸 적이 있나요?
6. (다시 상황그림 자료 2를 보면서) '내가 만일' 이런 상황에 있다면 어떻게 행동할 것인지를 이야기해 본다.
• 길을 잃어버리지 않으려면 어떻게 해야 할까요?
– 이럴 때는 상점 안에 머물러 있어야 한단다. 아빠를 찾으려고 자리를 떠나서는 안 된다.
– 상점 주인에게 네가 아빠를 잃어버렸다고 이야기한다. 그리고 아빠를 좀 찾아 달라고 부탁한다.
– 아빠의 이름을 정확하게 불러서 찾을 수 있도록 아빠의 이름을 알려 드린다.
– 방송을 듣고 아빠가 도착하실 때까지 상점 주인이나 점원과 함께 기다려야 한다.
– 아빠를 찾은 후에는 너를 도와주는 분께 감사의 인사를 드려야 한다.</td>
<td>3. 또 다른 대처 방안에 대해서도 토의해 본다.
• 다른 안전한 방법은 무엇일까 생각해 볼 수 있나요?
4. 낯선 사람은 어떻게 생겼을지 대해 이야기한다.
• 낯선 사람은 어떻게 생겼을까요?
– 무섭게 생긴 사람만이 나쁜 사람은 아니다.
– 언니, 누나, 아줌마, 잘생긴 아저씨일 수도 있다.
5. 길을 잃어버린 경험에 대해 이야기한다.
• 엄마, 아빠와 떨어져 지낸 적이 있나요?
6. (상황그림 자료 2를 보여 주면서) 유아에게 위험 상황에 대해 들려준다.
7. (다시 상황그림 자료 2를 보면서) '내가 만일' 이런 상황에 있다면 어떻게 행동할 것인지를 이야기해 본다.
• '내가 만일' 이런 상황에 있다면 어떻게 행동해야 안전할까요?
– 이럴 때는 상점 안에 머물러 있어야 한단다. 아빠를 찾으려고 자리를 떠나서는 안 된다.
– 상점 주인에게 네가 아빠를 잃어버렸다고 이야기한다. 그리고 아빠를 좀 찾아 달라고 부탁한다.
– 아빠의 이름을 정확하게 불러서 찾을 수 있도록 아빠의 이름을 알려 드린다.
– 방송을 듣고 아빠가 도착하실 때까지 상점 주인이나 점원과 함께 기다려야 한다.
– 아빠를 찾은 후에는 너를 도와주는 분께 감사의 인사를 드려야 한다.
8. 또 다른 대처 방안에 대해서도 토의해 본다.
• 다른 안전한 방법은 무엇일까 생각해 볼 수 있나요?</td>
</tr>
<tr>
<td>소요 시간</td>
<td colspan="2">약 20~30분</td>
</tr>
<tr>
<td>교사 역할</td>
<td colspan="2">'무섭게 생긴 사람만이 나쁜 사람은 아니다.' 라는 것을 강조한다(언니, 누나, 잘생긴 아저씨일 수도 있음).</td>
</tr>
</table>

상황그림 자료 1

(교사 설명)“함께 다니던 네 친구가 몸살이 나서 오늘은 너 혼자 돌아가고 있는 중이란다. 길을 가고 있는데 어떤 낯선 사람이 다가오더니 네 엄마가 지금 교통사고로 많이 다치셨다는 거야. 그러면서 엄마가 계신 병원까지 널 데려다 주겠다고 차에 타라고 하는 거야.”

상황그림 자료 2

(교사 설명) “어느 날 오후, 너는 아빠와 함께 스포츠용품 상점에 갔단다. 너는 정신없이 새로운 자전거를 살펴보느라 그만 아빠를 잃어버리고 말았단다. 너는 상점 내의 오르내리는 통로까지 다 찾아보았지만 아빠를 찾을 수 없었어.”

주제 4

재/해/안/전/

자연재해

<table>
<tr><td>주제 영역</td><td colspan="2">재해안전</td></tr>
<tr><td>목 표</td><td colspan="2">1. 지진과 천둥, 번개의 위험성을 인식한다.
2. 지진과 천둥, 번개에 대한 다양한 대처방법을 익힌다.</td></tr>
<tr><td>방 법</td><td colspan="2">이야기 나누기</td></tr>
<tr><td>대 상</td><td colspan="2">만 3~5세</td></tr>
<tr><td>준비물</td><td colspan="2">상황그림 자료 2장</td></tr>
<tr><td rowspan="2">과 정</td><td>I 수준</td><td>II 수준</td></tr>
<tr><td>1. (상황그림 자료 1을 보여 주면서) 유아에게 위험 상황에 대해 들려준다.
2. (다시 상황그림 자료 1을 보면서) '내가 만일' 이런 상황에 있다면 어떻게 행동할 것인지를 이야기해 본다.
• '내가 만일' 이런 상황에 있다면 어떻게 행동해야 안전할까요?
– 깨진 유리 조각이 날아오는 것과 물건이 마구 떨어지는 것에 맞지 않도록 잘 피해야 한다.
– 선반이나 창가 가까이에는 있지 않는다.
– 튼튼한 책상이나 테이블 아래로 들어가 그것의 다리를 꽉 잡고 있는다.
– 지진이 다 끝나서 주위를 걸어 다니기 전에 지진으로 인해 깨진 유리조각으로부터 발을 보호하기 위해서 반드시 신발을 신고 있는지 확인해야 한다.
– 지진이 모두 끝난 후에 혼자서 찬장이나 캐비닛의 문을 열어서는 안 된다. 문을 열 때에는 엄마나 아빠가 아주 조심해서 열어야 한다. 왜냐하면 지진으로 인해 흩어진 물건들이 아래로 떨어질 수 있기 때문이다.
3. (상황그림 자료 2를 보여 주면서) 유아에게 위험 상황에 대해 들려준다.
4. (상황그림 자료 2를 보면서) '내가 만일' 이런 상황에 있다면 어떻게 행동할 것인지를 이야기해 본다.</td><td>1. (상황그림 자료 1을 보여 주면서) 유아에게 위험 상황에 대해 들려준다.
2. (다시 상황그림 자료 1을 보면서) '내가 만일' 이런 상황에 있다면 어떻게 행동할 것인지를 이야기해 본다.
• '내가 만일' 이런 상황에 있다면 어떻게 행동해야 안전할까요?
– 깨진 유리 조각이 날아오는 것과 물건이 마구 떨어지는 것에 맞지 않도록 잘 피해야 한다.
– 선반, 창가 가까이에는 있지 않는다.
– 튼튼한 책상이나 테이블 아래로 들어가 그것의 다리를 꽉 잡고 있는다.
– 지진이 다 끝나서 주위를 걸어 다니기 전에 지진으로 인해 깨진 유리조각으로부터 발을 보호하기 위해서 반드시 신발을 신고 있는지 확인해야 한다.
– 부모님은 가스가 새는지의 여부를 확인하고 지진으로 인해 어느 정도의 손실이 생겼는지 체크해야 한다.
– 지진은 종종 '여진(여파)' 이라고 불리는 미세한 지진이 뒤따라올 수 있음을 기억한다.
– 지진 혹은 여진까지 모두 끝난 후에 혼자서 찬장이나 캐비닛의 문을 열어서는 안 된다. 문을 열 때에는 엄마나 아빠가 아주 조심해서 열어야 한다. 왜냐하면 지진으로 인해 흩어진 물건들이 아래로 떨어질 수 있기 때문이다.</td></tr>
</table>

과 정	• '내가 만일' 이런 상황에 있다면 어떻게 행동해야 안전할까요? – 번개는 매우 위험할 수 있다. – 번개가 칠 때에는 가능한 실내에 있는 것이 좋고 집으로 빨리 돌아가야 한다. – 금속으로 만든 물건들을 몸에 지녀서는 안 되고 상공에 전선이 지나가고 있는 곳도 피해야 한다. 만일 그 근처에 있을 경우 감전될 수도 있기 때문이다.	3. 또 다른 대처 방안에 대해서도 토의해 본다. • 다른 안전한 방법은 무엇일까 생각해 볼 수 있나요? 4. (상황그림 자료 2를 보여 주면서) 유아에게 위험 상황에 대해 들려준다. 5. (상황그림 자료 2를 보면서) '내가 만일' 이런 상황에 있다면 어떻게 행동할 것인지를 이야기해 본다. • '내가 만일' 이런 상황에 있다면 어떻게 행동해야 안전할까요? – 번개는 매우 위험할 수 있다. – 번개는 강한 전기의 파동과 같다. 그래서 구름과 구름 사이를 지나갈 수도 있고 땅으로 내리치기도 한다. – 번개는 그것이 지나가는 길에 있는 높고 뾰족한 것들을 내리치기도 하고 심지어는 사람을 치기도 한다. – 번개가 칠 때에는 가능한 실내에 있는 것이 좋고 집으로 빨리 돌아가야 한다. – 금속으로 만든 물건들을 몸에 지녀서는 안 되고 상공에 전선이 지나가고 있는 곳도 피해야 한다. 만일 그 근처에 있을 경우 감전될 수도 있기 때문이다. 6. 또 다른 대처 방안에 대해서도 토의해 본다. • 다른 안전한 방법은 무엇일까 생각해 볼 수 있나요?
소요 시간	약 20~30분	

상황그림 자료 1

(교사 설명) "넌 방 안에 공룡 장난감을 놓아 두었지. 그런데 갑자기 네 공룡 장난감이 쓰러지더니 잠시 후 물건들이 흔들리기 시작하는 거야. 넌 지진이 일어났다는 것을 알게 되었지."

상황그림 자료 2

(교사 설명) "어느 일요일 오후, 너는 친구들과 함께 공원에서 축구를 하고 있단다. 그런데 갑자기 하늘이 어두워지더니 비가 내리기 시작하는 거야. 천둥치는 소리가 들리고 번개가 번쩍번쩍 하는 거야."

깨끗한 환경이 좋아요

주제 영역	환경오염안전
목 표	깨끗한 환경의 중요성을 안다.
방 법	움직이는 막대인형 동화
대 상	만 3~5세
준비물	막대인형(새, 다람쥐, 토끼, 물고기)
과 정	1. 움직이는 막대인형을 조작하면서 동화를 들려준다. 2. 동화를 회상하면서 다음에 대한 이야기 나누기를 한다. • 동물들과 물고기들은 왜 슬퍼하게 됐지요? • 사람들이 할 수 있는 일은 무엇이었나요? • 무엇을 느꼈어요? • 산성비를 우산을 안 쓰고 그냥 맞아도 될까요? 왜 안 될까요? 3. 깨끗한 환경을 만들기 위해 할 수 있는 일에 대해 이야기 나눈다. • 우리가 물과 공기를 깨끗하게 하기 위해 할 수 있는 일은 무엇이 있을까요?
소요 시간	약 20~30분

동화 내용

이곳의 여러 동물이 살고 있는 숲 속이에요. 숲 속의 동물들에게는 아주 소중한 보물이 있었어요. 새들은 아침이면 '지지배배' 노래를 부르며 강가로 와서 물을 먹고 토끼와 다람쥐는 서로 강까지 달리기 시합을 하고는 시원한 강바람에 땀을 식힌답니다. 물론 이 강물의 주인공은 알록달록한 아름다운 물고기들이지요.

그러던 어느 날이었어요. 숲 속의 나무들이 하나둘 잘려 나가고 사람들이 모여들었어요. 그리고 공장이 생기고 사람들이 가축을 기르고 농사를 지으며 살기 시작했어요. 하루 이틀이 지나면서 숲 속 동물들의 소중한 보물인 강물은 더 이상 마실 수 없는 더러운 물로 변해 버려 동물들은 하나둘 그곳을 떠났고 강 속의 물고기들은 병이 들어 징그럽게 변해 버린 자기 모습을 보고 슬퍼 웃기만 했답니다.

■ 깨끗한 공기를 만들어요 ■

주제 영역	환경오염안전	
목 표	1. 깨끗한 공기와 오염된 공기를 구분한다. 2. 깨끗한 공기의 소중함을 안다. 3. 깨끗한 공기를 위해 할 수 있는 일을 깨닫는다.	
방 법	이야기 나누기	
대 상	만 3~5세	
준비물	그림 자료	
과 정	I 수준	II 수준
	1. (반대되는 그림 자료를 보여 주면서) 왜 그렇게 되었는지 이야기 한다. 2. 오염된 공기로 인해 우리에게는 어떠한 일이 벌어질지 등에 대한 이야기를 나눈다. 3. 반대되는 그림 자료를 쌍으로 제시하고 그에 대한 이야기를 한다. • 공기를 더럽히는 활동에는 어떠한 것이 있을까요? • 파란 하늘을 볼 수 있는 깨끗한 공기는 우리에게 어떠한 도움을 줄까요? 4. 깨끗한 공기를 위해 실천할 수 있는 일에 대해 이야기 나눈다. • 공기를 깨끗하게 하기 위해서 우리가 할 수 있는 일은 무엇일까요? – 휴지는 휴지통에 버린다. – 나무를 많이 심는다. – 대중교통을 이용한다. – 샴푸나 가루비누 같은 것을 덜 쓴다.	1. (반대되는 그림 자료를 보여 주면서) 왜 그렇게 되었는지 이야기한다. 2. 오염된 공기로 인해 우리에게는 어떠한 일이 벌어질지 등에 대한 이야기를 나눈다. 3. 반대되는 그림 자료를 쌍으로 제시하고 그에 대한 토의 활동을 한다. • 공기를 더럽히는 활동에는 어떠한 것이 있을까요? • 파란 하늘을 볼 수 있는 깨끗한 공기는 우리에게 어떠한 도움을 줄까요? 4. 깨끗한 공기를 위해 실천할 수 있는 일에 대해 이야기 나눈다. • 공기를 깨끗하게 하기 위해서 우리가 할 수 있는 일은 무엇일까요? – 쓰레기 분리수거를 한다. – 휴지는 휴지통에 버린다. – 나무를 많이 심는다. – 공장에서 나쁜 연기를 덜 내보내도록 한다. – 대중교통을 이용한다. – 샴푸나 가루비누 같은 것을 덜 쓴다.
소요 시간	약 20~30분	

깨끗한 물이 좋아요

주제 영역	환경오염안전
목 표	1. 깨끗한 물이 무엇인지 안다. 2. 안전하게 놀이하기에 적당한 물이 무엇인지 안다.
방 법	과학실험
대 상	만 3~5세
준비물	투명 유리그릇, 물, 모래, 남색 식용색소, 돌, 쇠와 유리조각, 고무장갑
과 정	1. 그릇의 바닥에 모래를 깔고 그 위에 준비된 돌멩이를 얹는다. 2. 그릇에 색소를 섞은 물을 부은 후 위험성이 있는 물건들(쇠, 유리조각 등)을 물속에 넣어 둔다. 3. 유아들에게 이 그릇을 호수나 강으로 상상해 보도록 하고 다음의 질문을 실제로 한다. • 이 호수에서 놀아도 될까요? • 왜 그렇지요? 혹은 왜 안 그렇지요? • 이 호수 밑에는 무엇이 있을까요? 4. 가라앉아 있는 것들을 꺼내고 다음과 같은 질문을 한다. • 바닥에 무엇이 있는지 알았나요? • 그곳에 무엇이 있는지를 체크하지 않고 물속에 들어갔다면 어떤 일이 일어났을까요? • 이 호수의 바닥에서 무엇을 찾을 수 있었나요? 5. 깨끗하고 안전한 물에서 놀아야 한다고 이야기한다. • 수영을 하러 어디로 가야 할까요?
소요 시간	약 20~30분

■ 불이 났을 때는 어떻게 해야 할까요 ■

<table>
<tr><td>주제 영역</td><td colspan="2">화재안전</td></tr>
<tr><td>목 표</td><td colspan="2">불이 일어났을 때 대처할 수 있는 방법에 대해 익힌다.</td></tr>
<tr><td>방 법</td><td colspan="2">이야기 나누기</td></tr>
<tr><td>대 상</td><td colspan="2">만 3~5세</td></tr>
<tr><td>준비물</td><td colspan="2">비디오 자료, 전화기 2대, 소화기, 그림 자료(화재가 난 그림, 119 그림, 소화기 사용법 그림)</td></tr>
<tr><td rowspan="2">과 정</td><td>I 수준</td><td>II 수준</td></tr>
<tr><td>1. (비디오 자료를 보여 주면서) '씨랜드 화재'의 예와 '인천 호프집 화재'의 예를 유아들에게 진지하게 들려준다.
• 왜 많은 인명피해가 났을까요?
2. 만약 우리 유치원(어린이집)에 불이 났다면 어떻게 해야 할까? 등에 대한 유아들의 반응을 충분히 들어본다.
• 만약 우리 유치원(어린이집)에 불이 났다면 어떻게 해야 할까요?
3. 화재 모의상황을 통하여 유치원(어린이집) 교실에 불이 났다는 가정 하에 소방 대피 훈련을 해 본다.
– 연기가 날 때는 물을 적신 옷이나 수건이나 천을 바로 찾아야 하는데 우리 유치원(어린이집) 교실에 어떤 천이 있는지를 직접 찾아본다.
– 코를 막고 바닥으로 기어나가는 등의 행동요령을 실제로 함께해 본다.</td><td>1. (비디오 자료를 보여 주면서) '씨랜드 화재'의 예와 '인천 호프집 화재'의 예를 유아들에게 진지하게 들려준다.
• 왜 많은 인명피해가 났을까요?
2. 만약 우리 유치원(어린이집)에 불이 났다면 어떻게 해야 할까? 등에 대한 유아들의 반응을 충분히 들어본다.
• 만약 우리 유치원(어린이집)에 불이 났다면 어떻게 해야 할까요?
3. (화재가 난 그림과 119 그림을 보면서) 교사와 유아가 소방관과 신고자가 되어 전화기 2대로 역할놀이를 해 본다.
– 주소와 연락처를 말한다.
– 주변의 큰 건물을 알려 준다.
– 소방관이 끊으라고 할 때까지 전화를 먼저 끊지 않는다.
4. 화재 모의상황을 통하여 유치원(어린이집) 교실에 불이 났다는 가정 하에 소방 대피 훈련을 해 본다.
– 연기가 날 때는 물을 적신 옷이나 수건이나 천을 바로 찾아야 하는데 우리 유치원(어린이집) 교실에 어떤 천들이 있는지를 직접 찾아본다.
– 코를 막고 바닥으로 기어나가는 등의 행동요령을 실제로 함께해 본다.
5. (밖으로 나가) 교사는 소화기의 사용법에 대해서 유아들에게 시연한다.
– 소화기 옮기기
– 안전핀 뽑기
– 바람을 등지고 호스를 불이 난 곳으로 향하게 하기
– 손잡이를 힘껏 움켜쥐고 뿌리기</td></tr>
</table>

소요 시간	약 20~30분
교사 역할	1. 대피 시의 약속을 잊지 않도록 주기적, 반복적으로 활동한다. 2. 소방서 견학하기를 계획할 수 있다. 3. 역할놀이 영역에 전화기를 비치해 놓고 유아들끼리 역할을 바꿔 가며 해 보도록 한다.

상황그림 자료 1

■ 불이 날 수 있어요 ■

주제 영역	화재안전	
목 표	1. 불이 날 수 있는 상황에 대해 알 수 있다. 2. 불의 위험성을 알고 안전하게 사용하는 태도를 지닌다.	
방 법	이야기 나누기	
대 상	만 3~5세	
준비물	상황그림 자료 8장	
	I 수준	II 수준
과 정	1. (상황그림 자료 8을 보여 주면서) 유아에게 위험 상황에 대해 들려준다. "어느 날 밤, 네가 기침을 하면 잠에서 깨어났단다. 눈앞은 온통 불타고 있었으며 연기가 코를 찔렀단다. 넌 소리쳐 외쳤지만 아무 대답도 없는 거야. 너만 빼고 다들 깊은 잠에 빠져 있었지." • 어떤 상황인가요? 2. '내가 만일' 이런 상황에 있다면 어떻게 행동할 것인지를 이야기해 본다. • 어떻게 할까요? – 다른 가족이 깨어나도록 큰 목소리로 소리쳐야 한다. – 만약 네 침실 문이 열려 있어 뜨겁고 불길마저 보인다면 얼른 방문을 닫아야 하다. – 만일 네 침실 문이 닫혀 있다면, 네 손으로 문의 온기를 느껴 본다. 만일 문이 뜨겁다면 절대로 문을 열지 않는다. – 만일 네 침실 문이 뜨겁지도 않고 불길마저 보이지 않는다면 얼른 침실을 빠져 나간다. – 이때 연기가 있다면 바닥 쪽으로 몸을 낮추어 기어가도록 한다. – 만일 네가 방에서 기다려야만 하는 상황이라면 연기가 방 안으로 들어오는 것을 막기 위해 방문의 문틈 사이에 베개나 시트, 담요, 옷 등을 끼워 넣어둔다. – 만일 연기가 너무 많다면 스카프나 티셔츠를 이용해 너의 코와 입을 가리도록 한다. – 절대로 침대 밑에 숨어서는 안 된다.	1. (상황그림 자료 1에서 7까지 보여 주면서) 불이 난 상황에 대해 이야기 나눈다. • 어떤 상황인가요? • 이러한 상황에서 왜 불이 날까요? 2. (다시 상황그림 자료 1에서 7까지 보면서) 대처방법에 대해 이야기한다. • 어떻게 하면 불이 나지 않을까? 3. (상황그림 자료 8을 보여 주면서) 유아에게 위험 상황에 대해 들려준다. "어느 날 밤, 네가 기침을 하면 잠에서 깨어났단다. 눈앞은 온통 불타고 있었으며 연기가 코를 찔렀단다. 넌 소리쳐 외쳤지만 아무 대답도 없는 거야. 너만 빼고 다들 깊은 잠에 빠져 있었지." • 어떤 상황인가요? 4. '내가 만일' 이런 상황에 있다면 어떻게 행동할 것인지를 이야기해 본다. • 어떻게 할까요? – 다른 가족이 깨어나도록 큰 소리로 소리 쳐야 한다. – 만약 네 침실 문이 열려 있어 뜨겁고 불길마저 보인다면 얼른 방문을 닫아야 하다. – 만일 네 침실 문이 닫혀 있다면, 네 손으로 문의 온기를 느껴 본다. 만일 문이 뜨겁다면 절대로 문을 열지 않는다. – 만일 네 침실 문이 뜨겁지도 않고 불길마저 보이지 않는다면 얼른 침실을 빠져 나간다. – 이때 연기가 있다면 바닥 쪽으로 몸을 낮추어 기어가도록 한다.

구분	내용	
과 정	- 소방관이 너를 빨리 발견할 수 있도록 창가 근처에서 기다리는 것이 좋다. - 만일 숨쉬기가 곤란해지면 바닥 쪽으로 향해 누워라. 연기는 대개 아래쪽에는 덜 있기 때문이다. - 일단 네가 밖으로 안전하게 빠져 나갔다면 네 가족이 있는 곳으로 간다. - 모두 안전하게 탈출한 후에 가족 중 한 사람이 이웃집으로 가서 119에 신고하도록 한다.	- 만일 네가 방에서 기다려야만 하는 상황이라면 연기가 방 안으로 들어오는 것을 막기 위해 방문의 문틈 사이에 베개나 시트, 담요, 옷 등을 끼워 넣어 둔다. - 만일 연기가 너무 많다면 스카프나 티셔츠를 이용해 너의 코와 입을 가리도록 한다. - 절대로 침대 밑에 숨어서는 안 된다. - 소방관이 너를 빨리 발견할 수 있도록 창가 근처에서 기다리는 것이 좋다. - 만일 숨쉬기가 곤란해지면 바닥 쪽으로 향해 누워라. 연기는 대개 아래쪽에는 덜 있기 때문이다. - 일단 네가 밖으로 안전하게 빠져 나갔다면 네 가족이 있는 곳으로 간다. - 모두 안전하게 탈출한 후에 가족 중 한 사람이 이웃집으로 가서 119에 신고하도록 한다.
소요 시간	1. 불이 날 수 있는 상황에 대해 알 수 있다. 2. 불의 위험성을 알고 안전하게 사용하는 태도를 지닌다.	
교사 역할	이야기 나누기	

상황그림 자료 1

상황그림 자료 2

상황그림 자료 3

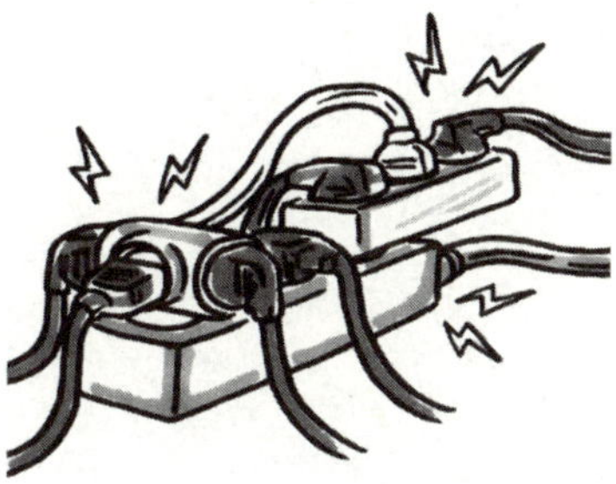

상황그림 자료 4

상황그림 자료 5

상황그림 자료 6

상황그림 자료 7

상황그림 자료 8

부 록

1. 안전가정통신문
2. 보육시설 안전/영양관리 자체 진단표
3. 활동별 교수-학습 과정안
4. 안전교육 사이트
5. 안전일지 및 사고보고서
6. 기타 점검표

주제 1

내 몸은 소중해요

안녕하십니까?

대형 참사, 유아 학대 등 유아와 관련하여 요즈음 사회적으로 대두되고 있는 가장 큰 논쟁은 '유아 안전' 이라고 볼 수 있습니다. 우리나라 유아교육이 본격적으로 시작된 1980년대 이후 약 20여 년이 흘렀고, '유아 안전이 중요하다.' 라는 것에 대해서는 이미 잘 알고 있지만 실제 현장에서 손쉽게 적용하고 실행할 수 있는 더욱 체계화된 유아 안전프로그램은 빈약하다고 볼 수 있습니다. 유아 안전교육은 유치원에서 일회적으로 끝내는 것보다 유아, 교사, 부모가 혼연일치될 때 가장 효과가 크게 나타날 수 있습니다. 따라서 다음의 안전교육 내용을 가정에서도 유아에게 주지시켜 주시기 바라며, 다음의 사항에 대해 적극적으로 협조해 주시면 감사하겠습니다.

다 음

나의 소중함 알기

안전교육은 나의 소중함에서부터 시작합니다. 내가 소중하다는 것을 진정으로 느낄 때 나를 지키려는 조심스러운 행동이 나올 수 있다는 것에 근거하고 있습니다.

뇌와 척추는 작은 사고에도 치명적인 결과를 가져올 수 있으므로 안전한 행동을 해야 한다는 것, 위험한 행동과 안전한 행동을 알고 행동해야 한다는 것, 몸이 다칠 수 있는 위험한 상황에서 어떻게 대처해야 할지에 대한 것, 다른 사람이 다쳤을 때 내가 할 수 있는 일에 대한 것 등에 대한 안전교육 내용이 포함됩니다.

가정에서는 뇌와 척추가 매우 소중한 신체 부위며, 다치지 않도록 조심스럽게 행동해야 한다는 것을 항상 주지시켜 주시기 바랍니다.

주제 2

자동차와 보행자 안전

안녕하셨습니까?

혼자서 다니기가 허락되는 유아기에 자주 발생하고 있는 안전 사고입니다. 특히 한 번 형성된 교통 안전 습관은 평생을 좌우하는 중요한 요인이 됩니다.

다음의 사항을 주지하시어 유치원과 연계한 유아 안전교육이 될 수 있도록 가정에서도 협조해 주시면 감사하겠습니다.

다 음

• 길을 건너갈 때는 파란불이 되었더라도 반드시 ① 멈춰 서서 ② 손을 들고 ③ 좌우로 잘 살펴보면서 건너가는 것을 습관화하도록 지도해 주십시오.

• 차 속에서는 유아용 안전 의자를 이용하여 안전띠를 반드시 착용하도록 지도해 주십시오.

• 차가 운행 중일 때는 차 안에서 이동하는 것이 위험한 일이라는 것과 차 안에서는 운전자에게 방해가 되지 않도록 조용히 할 것을 강조해 주십시오.

• 차의 문을 열고 닫을 때는 유아가 자신의 손이 끼이지 않도록 세심한 주의를 하도록 지도해 주십시오.

• 유아가 차를 타고 내릴 때에는 항상 인도 쪽 문을 이용하도록 습관화해 주시고 차도 쪽 문은 안전하도록 잠가 주시기 바랍니다.

• 잠들어 있더라도 유아가 혼자 차 안에 있는 것은 매우 위험하오니 유아를 혼자 차 안에 있게 하지 말아 주십시오.

• 창문을 내려야 할 경우에는 1/4 이상 내리지 않도록 세심하게 지도해 주십시오. 차 밖으로 손이나 머리를 내미는 것은 매우 위험하므로 항상 주의를 기울이도록 지도해 주십시오.

주제 3

운동안전

안녕하셨습니까?

자전거를 타거나 롤러스케이트, 인라인 스케이트, 킥보드 등을 탈 때의 안전과 관련된 내용이 포함되어 있습니다. 이들 놀이 기구들은 속도감을 즐기는 운동놀이들로 안전 장비를 갖추고 놀이하는 것이 무엇보다 중요합니다.

가정에서는 다음의 사항들에 대해 주지하시어 유치원과 가정과의 연계를 통한 더욱 효율적인 안전교육이 이루어질 수 있도록 협조해 주시면 감사하겠습니다.

다 음

• 자전거와 롤러스케이트를 탈 때는 반드시 헬멧과 무릎 · 팔꿈치 보호대를 함께 착용하는 것을 습관화시켜 주십시오.

• 젖은 길에서는 미끄러질 수도 있고 이차적으로 위험한 사고가 일어날 수 있으니 항상 여분을 두고 멈추고 물기 없는 마른 바닥에서 자전거나 롤러스케이트를 타도록 해 주십시오.

• 울퉁불퉁한 곳에서는 자전거나 롤러스케이트를 타지 않도록 해 주십시오.

• 차가 다니는 차도에서는 유아들을 쉽게 발견하기 어려우므로 찻길에서는 자전거나 롤러스케이트를 타지 않도록 생활해 주십시오.

• 자전거를 타다가 비탈길이 나오는 경우에 유아는 반드시 자전거에서 내려서 브레이크를 잡으면서 걸어가는 것을 습관화하도록 해 주십시오.

• 자전거로 후진을 하거나 롤러스케이트를 신고 뒷걸음질을 해야 할 때는 더욱 주의를 기울이는 태도를 지닐 수 있도록 해 주십시오.

주제 4

교통안전

안녕하십니까?

혼자서 다니는 것이 허용되는 유아기에 자주 발생하고 있는 안전사고입니다. 한 번 형성된 교통안전 습관은 특히 평생을 좌우하는 중요한 원인이 됩니다. 다음의 사항을 주지하시어 유치원과 연계한 유아 안전교육이 될 수 있도록 가정에서도 협조해 주시면 감사하겠습니다.

유아의 교통안전은 운전자, 보행자, 자전거 이용자들이 다양하게 모여 사는 가정에서부터 시작되어야 합니다. 유아의 귀중한 생명을 교통사고에서 지키기 위해서는 관계되는 모든 사람이 힘을 모아 노력해야 합니다. 그중 부모님의 할 일은 그 누구보다도 중요합니다. 보호자는 교통이 잦은 도로에서 유아를 걸어가게 하거나 놀게 하여서는 안 됩니다(도로교통법 제11조 1항). 부모님은 유아에게 안전한 놀이터를 선택하여 주고 유아의 행동을 늘 주의 깊게 관찰하여 보호해야겠습니다.

이 시기의 유아는 어른의 말이나 행동을 그대로 따르려 합니다. 그러므로 부모님이 교통안전에 관한 규칙을 지키고 질서 있는 생활을 하여 모범을 보이면 자녀에게 좋은 영향을 주게 됩니다. 유아는 충동적이며 단순하므로, 예를 들어 구체적인 행동을 통해 알려 주어야 합니다.

유아가 위험한 행동을 할 때는 즉시 안전한 상태로 되돌려 놓고 나서 그 자리에서 잘못된 행동을 바로 잡아 주어야 합니다. 이런 구체적인 지도를 통해 버릇이 되도록 하는 것이 중요합니다. 가정에서의 유아 교통안전 지도는 유치원이나 지역사회의 교통안전지도 내용과 일관성 있게 실시되어야 최대의 효과를 거둘 수 있습니다.

다 음

유아의 교통안전과 어머니의 할 일

- 유아는 보호받을 권리가 있습니다. 보호자는 교통이 잦은 도로에서 6세 미만의 유아를 걸어가게 하거나 놀게 하여서는 안 됩니다(도로교통법 제11조 1항). 어머니는 유아에게 안전한 놀이터를 선택하여 주고, 유아의 행동을 늘 주의 깊게 관찰하며 보호해야겠습니다.

- 유아의 교통안전지도는 어머니가 먼저 모범을 보여야 합니다. 이 시기의 유아는 어른의 말이나 행동을 그대로 따르려 합니다. 그러므로 어머니가 교통안전에 관한 규칙을 지키고, 질서 있는 생활을 하여 모범을 보이면 자녀에게 좋은 영향을 주게 됩니다.

- 유아의 행동 특성을 잘 이해하고 지도해야 합니다. 유아는 호기심이 많고 충동적이며 자기중심적인 생각을 하기 때문에 위험을 예측하고 판단하는 능력이 부족합니다. 이러한 유아의 발달 특성을 이해하여 알맞게 지도해야 합니다.

- 유아의 지도는 구체적이고 반복적으로 이루어져야 합니다. 유아는 단순하므로 예를 들어 일일이 구체적인 행동을 통해 알려 주어야 합니다. 유아가 위험한 행동을 할 때는 즉시 안전한 상태로 되돌려 놓고 나서 그 자리에서 잘못된 행동을 바로잡아 주어야 합니다. 이런 구체적인 지도를 통해 바른 습관을 길러 주는 것이 중요합니다.

- 유아의 교통안전 지도는 가정, 학교, 지역사회의 유기적인 협조가 필요합니다. 가정에서의 유아 교통안전 지도는 유아원이나 지역사회의 교통안전 지도 내용과 일관성 있게 실시되어야 최대의 효과를 거둘 수 있습니다.

주제 5

놀이안전

안녕하십니까?

영 · 유아기에는 놀이 자체가 학습이요, 생활인 만큼 놀이안전은 유아의 실생활과 매우 밀접한 관련이 있습니다. 특히 가정에서 부모님의 세심한 관찰과 지도가 요구됩니다. 다음의 사항에 대해서 주지하시어 유치원과 가정과의 연계를 통한 더욱 효율적인 안전교육이 이루어질 수 있도록 협조해 주시면 감사하겠습니다.

이번 안전교육 주제는 놀이할 때 주의해야 할 점들입니다. 안전하게 놀이하는 습관을 배우고 놀이할 때의 규칙을 알며 위험한 사항에 대처할 수 있기 위해서는 유아와 부모는 어떻게 해야 하나 다시 한 번 생각해 보는 기회입니다. 우리 주위에 위험한 놀이 기구를 그대로 두어 위험을 방치하고 있지는 않는지 다시 한 번 주변을 주의 깊게 살펴보아 우리 유아들이 불의의 사고를 당하지 않도록 관심 가져 주시기 바랍니다.

다 음

놀잇감을 구입할 때 고려해야 할 점

- 놀이기구를 이용할 공간을 주의 깊게 고려해야 합니다.(예, 롤러브레이드 장이 없는 지역에 사는 유아는 롤러브레이드를 차도나 안전하지 못한 곳을 이용하게 되므로 반드시 부모와 동행하여 안전한 곳에서 탈 수 있도록 합니다.)
- 놀잇감을 선택할 때도 나이보다는 유아의 성장과 경험을, 놀이기구를 이용할 수 있는 능력에 따라 결정해야 합니다.
- 위험성이 많은 장난감은 장난감에 내포된 위험을 알고 안전하게 사용하는 방법을 이해할 수 있을 정도로 성숙되어 있는지를 확인해야 하며 사용 전에 반드시 사용방법을 인식시켜야 합니다.

놀이할 때의 안전

- 미끄럼이나 그네를 다른 친구가 타고 있을 때는 그네나 미끄럼틀에서 멀리 떨어져 있도록 주의시켜 주십시오.
- 바깥놀이를 할 때는 긴 치마나 장식이 많이 달려 있어 걸려 넘어질 수 있는 옷은 피하고 단정하고 마음대로 움직이기에 무리가 없는 복장을 입고 놀이할 수 있도록 해 주십시오.
- 미끄럼을 탈 때 일어나서 타거나 엎드려서 타거나 거꾸로 타는 것은 위험하므로 바른 자세로 안전하게 타는 습관을 지니도록 해 주십시오.
- 숨바꼭질이나 잡기놀이를 할 때는 잡히기 어려운 외진 곳을 찾아 다니기 쉬운데 그러한 곳은 위험하므로 안전한 곳에서 놀이를 하는 습관을 형성하도록 해 주십시오.
- 놀이하기에 안전하거나 위험한 곳이 어디일지에 대해 부모님과 함께 집 근처를 직접 돌아보는 경험을 통해 안전한 놀이 장소에 대한 체험을 하도록 해 주십시오.

주제 6

자전거 안전

안녕하십니까?

자녀들의 바깥놀이가 많아지고 있습니다. 특히 자전거는 아주 어린 유아부터 청소년에 이르기까지 지속적으로 즐기는 대표적인 스포츠입니다. 유아의 발달 단계에 적절한 자전거를 선택하여 그때마다 조정 방법을 알려 주고 안전하게 탈 수 있도록 지도해야 합니다. 자전거에 대한 적절한 사전교육을 실시함으로써 사고를 예방할 수 있습니다.

다 음

부모의 안전 수칙

- 유아의 신체적 크기, 능력 등 발달단계에 맞는 자전거를 구입합니다.
- 핸들, 바퀴의 공기, 체인, 브레이크 등의 이상이 있는지 자주 점검합니다.
- 자전거를 타기 위한 기본 기술을 단계적으로 가르쳐 줍니다. 예를 들어 균형 잡기, 페달 밟기와 멈추기, 똑바로 가기, 돌아오기, 긴급 멈춤 등을 지도합니다.
- 자전거를 탈 때에는 헬멧이나 무릎 보호대를 착용하도록 지도합니다.
- 위험한 장소에서 타지 않도록 지도합니다.

유아의 안전 수칙

- 학교 운동장이나 놀이터 등 차가 다니지 않는 곳에서만 탑니다. 특히 지하 주차장에서는 타지 않습니다.
- 양손으로 바른 자세로 탑니다.
- 자전거 뒤에는 사람을 태우지 않습니다.
- 자전거를 타고 있는 친구를 뒤에서 떼밀지 않습니다.
- 내리막길에서는 가속되어 위험하므로 자전거에서 내려 걸어옵니다.
- 보도와 차도의 구별이 없는 도로에서는 자전거는 우측으로 통행하여야 합니다.
- 자전거는 자전거 보관대에 보관하고 엘리베이터 이용 시 자전거를 탄 채 엘리베이터를 타지 않습니다.
- 자전거를 타고 골목길에서 큰 길로 나갈 때에는 반드시 멈추어 서서 전후좌우를 살펴야 합니다.
- 가다가 멈출 때에는 정지신호(팔을 뒤로 뻗음)를 하고 인도 쪽으로 내립니다.
- 자전거를 탈 때에는 바지를 입고 무릎보호대와 팔꿈치 보호대를 합니다. 또한 머리를 보호하기 위하여 헬멧을 착용하며 운동화를 신는 것이 안전합니다. 야광으로 된 안전띠나 눈에 잘 띄는 옷을 입습니다.

주제 7

위험한 물건에 대한 안전

안녕하십니까?

우리 주변에는 유아들을 위협하는 위험한 것들이 곳곳에 산재해 있습니다. 유치원이나 어린이집, 가정의 물리적 환경 안에 유아들의 신체에 해를 입힐 가능성이 있는 물건들이 없는지 항상 세심한 주의가 필요합니다.

다음의 사항을 주지하시어 유치원과 연계한 유아 안전교육이 될 수 있도록 가정에서도 협조해 주시면 감사하겠습니다.

다 음

• 어느 가정에나 있는 바느질함에는 뾰족한 바늘, 가위, 면도칼이 포함되어 있습니다.

• 부엌에도 위험한 물건들이 많이 산재해 있습니다. 과도를 비롯한 여러 종류의 칼, 포크 등 유아들의 손에 흔히 닿을 수 있는 물건들을 다시 한 번 점검해 주십시오.

• 총알이 나오는 장난감 총, 문구류(스테이플러, 압정, 할핀 등), 아빠의 주머니 칼, 폭죽 놀이, 성냥이나 라이터도 유아들의 호기심을 끌기에 충분하지만 위험 요소가 많은 물건입니다.

• 많은 지적 호기심을 지닌 유아기에는 가정에서부터 안전한 환경이 마련되어야 하겠으며 특히 유의하여 보관하여 주시기 바랍니다. 또한 가정에서도 유아들에게 위험한 물건에 대해 주지시켜 주셔서 유아 스스로 위험한 물건에 대한 경계심을 지닐 수 있도록 지도해 주시기 바랍니다.

• 가장 안전한 생활이 요구되는 시기임에도 불구하고 유아 주변에는 이처럼 위험 요소가 내재되어 있는 경우가 많이 있습니다. 가정에서도 구체적으로 각 위험한 물건들과 안전한 놀잇감의 구별, 위험한 물건이 꼭 필요할 때는 반드시 부모나 다른 성인의 도움을 받아 사용하는 습관(예, 엄마가 외출하셨을 경우 유아가 지금 당장 과일이 먹고 싶더라도 참았다가 꼭 부모님께 깎아 달라고 할 줄 아는 습관)을 몸에 익힐 수 있도록 가정에서도 세심한 관심을 기울여 주시기 바랍니다.

주제 8

추락이나 미끄러짐에 대한 안전

안녕하십니까?

미끄러짐이나 떨어짐과 관련된 안전사고는 해마다 증가 추세에 있습니다. 영유아의 경우, TV를 보고 높은 곳에서 그냥 떨어지는 모습을 흉내 낸다거나 신체 조절 기능의 미숙함으로 미끄러질 때 심각한 제2차의 사고의 위험성이 있습니다.

다음의 사항을 주지하시어 유치원과 연계한 유아 안전교육이 될 수 있도록 가정에서도 협조해 주시면 감사하겠습니다.

다 음

- 조심성이 부족한 유아기에는 놀이 후 놀잇감을 잘 정리, 정돈하는 것은 기본생활 습관의 형성 측면에서도 중요하지만 특히 미끄러짐으로 인한 제2차 사고가 일어날 수 있으므로 매우 중요합니다. 가정에서도 특히 레고와 같은 자그마한 장난감들은 놀이 후에 반드시 스스로 정리함에 정리하는 습관을 형성할 수 있도록 관심 기울여 주시기 바랍니다. 더불어 미끄러운 목욕탕이나 수영장, 거실 바닥에 물이 쏟아져 있는 경우, 비닐봉지가 흩어져 있는 경우 또한 흔히 발생하고 있는 유아기 안전사고이므로 반드시 유아가 자신의 발 밑을 주의 깊게 보면서, 미끄러질 수 있는 것은 스스로 치우면서 걷는 습관을 들일 수 있도록 세심하게 주의를 기울여 주시기 바랍니다.
- 유아가 슈퍼맨과 같은 비디오나 만화 영화를 본 후 주인공이 되어 하늘을 날기 위해 높은 곳에서 뛰어내리려 한다거나 여러 개의 계단을 한 번에 뛰어내리는 것은 매우 위험한 일이며, 이는 '용감한 행동'과 구별되어야 합니다. 계단을 오르내릴 때는 반드시 난간을 잡고 이동하는 것을 가정에서도 습관화하여 안전한 행동을 몸에 익힐 수 있도록 지도해 주시기 바랍니다.
- 습관적으로 혹은 장난을 치기 위해 친구를 떼미는 행동은 자칫 뒷머리를 다치는 제2차 사고의 위험이 있으니 장난을 치거나 화가 난다고 해서 친구나 동생을 떼미는 행동을 해서는 절대 안 된다는 것을 가정에서도 주지시켜 주십시오.

주제 9

유아기 성교육

안녕하십니까?

우리 주변에는 유아들을 위협하는 위험한 것들이 곳곳에 산재해 있습니다.

유치원이나 어린이집, 가정의 물리적 환경 안에 유아들의 신체에 해를 입힐 가능성이 있는 물건들이 없는지 항상 세심한 주의가 필요합니다. 다음의 사항을 주지하시어 유치원과 연계한 유아 안전교육이 될 수 있도록 가정에서도 협조해 주시면 감사하겠습니다.

다 음

성교육이란 무엇을 가르치는 것일까요?

- 성교육은 성기나 성행위에 대한 부끄러운 내용의 교육만이 아닙니다. 성교육은 남자와 여자에 대해 알고 함께 사회를 이루어 살아가는 생활에 대해 배우는 것까지도 포함하는 교육입니다.
- 성교육은 유아기 때부터 성에 대해 올바른 태도를 갖게 하여, 후에도 건전한 애정관계, 인간관계를 맺으면서 살 수 있도록 도와주는 인격교육입니다.
- 남녀의 신체적 차이를 자연스럽게 알고 자신의 주어진 성(여자, 남자)을 만족스럽게 받아들이도록 지도합니다.
- 자라면서 어떻게 변하게 되는지에 대해 긍정적으로 받아들이고 기대감을 갖도록 지도합니다.
- 남자와 여자는 하는 일에 있어서는 차이가 없이 평등하다는 것을 알도록 지도합니다.

성교육은 언제부터 해야 할까요?

- 성교육은 태어날 때부터 시작되어 말을 하지 못하는 시기에도 이루어집니다.
- 영아기에는 피부접촉을 통해 사랑을 느끼고 다른 사람을 사랑할 수 있는 안정감을 갖게 되는데, 이것도 자신을 만족스럽게 받아들이게 하는 성교육의 일부라고 할 수 있습니다.
- 타고난 성 자체를 기쁘게 받아들이고 사랑해 주는 것이 중요합니다.
- 대소변 가리기를 시작할 때 심하게 야단치면 큰 잘못을 했다는 수치심을 갖게 되고, 성장한 뒤에 모든 성행위와 의식을 결부시켜 생각할 수도 있게 됩니다.
- 본격적인 성교육은 유아가 알고 싶어 할 때 시작할 수 있고, 알고 싶어 한다는 것은 곧 성에 관한 질문이 많아지는 것을 말합니다.

주제 10

환경오염에 대한 안전

안녕하십니까?

환경은 후세대까지 이어지는 우리의 삶과 밀접한 관련이 있는 요인입니다. 현장의 유아들이 성장해서도 아름답고 맑고 깨끗한 환경이 되려면 바로 현재 영유아에게 환경을 아끼고 사랑하는 올바른 태도를 지니는 것은 매우 중요합니다.

다음의 사항을 주지하시어 유치원과 연계한 유아를 위한 안전교육이 될 수 있도록 가정에서도 협조해 주시면 감사하겠습니다.

다 음

- 우리 주변의 아름다운 산과 들, 강물, 공기의 자연환경에 대한 보전이 절실히 요구되는 때입니다. 유아기 때부터 주변의 아름다운 환경을 느끼고, 소중하다는 생각을 지녀야 아름다운 자연을 보전하려는 태도를 형성할 수 있으며, 이는 이후 시기까지도 영향을 미칠 수 있습니다. 나들이를 많이 가는 요즈음 자연을 소중히 여기는 마음과 태도를 지닐 수 있도록 실생활에서의 더욱 세심한 지도를 해 주시기 바랍니다.
- 환경을 깨끗이 보전하기 위해서 유아들은 기본적으로 휴지는 휴지통에 버리고, 각각 분리수거하고 쓰레기의 양을 줄이도록 해 볼 수 있겠습니다. 또한 비가 올 때에는 반드시 우산을 쓰고 다니기, 꽃이나 나무를 함부로 꺾지 않기 등이 있습니다.
- 가정에서는 철저한 쓰레기의 분리수거, 대중교통 이용하기, 샴푸 사용 자제하기, 세탁 시 세제의 과량을 자제하기 등이 있으며, 사회적으로는 공장에서 오염된 연기나 폐수의 방출을 자제하기, 산에 나무를 많이 심음으로써 산소량의 배출을 늘리기, 아무 곳에나 함부로 쓰레기를 방출하지 않기 등이 있습니다.
- "세 살 버릇 여든까지 간다." 라는 잘 알려진 속담이 있습니다. 유아기 때부터 자연을 아끼고 사랑하는 마음, 자연을 아름답게 보전할 수 있는 방법들에 대해서 몸에 익힐 수 있도록 가정에서도 모범을 보여 주시기 바랍니다.

주제 11

화재안전

안녕하십니까?

씨랜드 화재나 인천 호프집과 같은 잇따른 대형 화재사건은 안전불감증에 의한 인재(人災)임을 알 수 있습니다. 특히 인지적 발달의 제한이 있는 유아기는 비상 상황에 대한 판단력이 부족한 시기이므로 평상시에 화재의 위험성에 대한 명확한 인식과 대처방안 등에 대한 교육이 반드시 철저하게 이루어져야 된다고 할 수 있습니다.

부모님께서는 다음의 사항을 주지하시어 유치원과 연계한 유아를 위한 안전교육이 될 수 있도록 가정에서도 협조해 주시면 감사하겠습니다.

다 음

화재 시 행동 요령

- 불이 나면 절대 당황해하지 말고 주위 사람들에게 큰 소리로 알립니다.
- 신속하게 119를 눌러 소방서에 신고합니다.
- 전기 화재일 경우 전기 스위치를 차단합니다.
- 가스 화재 시에는 중간밸브를 잠급니다.
- 유류 화재 시에는 물을 사용해서는 안 되며 소화기나 모래, 이불, 담요 등을 덮어 신속하게 끕니다.
- 불이 났을 때 엘리베이터는 정전으로 갇힐 수가 있으므로 절대 이용하지 말고 비상계단을 이용합니다.

화재 시 대피 요령

- 당황해하지 말고 침착하게 비상구로 대피합니다.
- 출입문이 뜨겁고 연기가 새어들어 올 때는 절대로 문을 열어서는 안 됩니다.
- 담요나 수건 등에 물을 적셔 틈을 막고 낮은 자세로 엎드립니다.
- 부득이하게 불 속을 빠져나가야 할 때는 물에 적신 담요 등을 뒤집어쓰고 대피합니다.

주제 12

낯선 사람 · 성 학대 안전

안녕하십니까? 미국의 경우 1990년대 이후 유아 안전 관련 논문 중 70~80% 이상이 '유아에 대한 성(性) 학대' 에 대한 내용을 다루고 있으며, 우리나라 또한 이와 관련된 사건, 사고들이 늘어나고 있는 추세에 있습니다.

다른 안전 교육의 내용도 그렇지만, 특히 성(性)과 관련된 안전 교육은 유치원에서 간헐적으로 시행되는 것보다는 가정에서 지속적이고 반복적으로 행해질 때 안전교육의 효과가 배가 된다고 볼 수 있습니다. 부모님께서는 다음의 사항을 주지하시어 유치원과 연계한 유아를 위한 안전교육이 될 수 있도록 가정에서도 협조해 주시면 감사하겠습니다.

다 음

화재 시 행동 요령

- 유아기 성 교육은 아빠와 엄마의 진실한 사랑으로 태어난 내 몸의 모든 부분은 이 세상에서 가장 소중하고 귀한 것이기 때문에 소중하고 안전하게 그리고 함부로 다루어져서는 안 된다는 것에서 출발합니다.
- 누군가가 나를 껴안아 주거나 쓰다듬어 줄 때 좋은 느낌이 나는 경우와 나쁜 느낌이 나는 경우를 먼저 엄밀하게 구별할 줄 아는 것도 가정에서 유아에게 지속적으로 인식시켜 주시기 바랍니다.
- 다음의 여러 상황에 대한 예를 통해 '어떻게 해야 할까?'의 알맞은 대처 방안에 대한 이야기를 가정에서도 다시 한 번 주지시켜 주십시오.

– 자동차가 다가와 집에 데려다 준다고 할 때
– 놀이동산에서 길을 잃었는데 누군가가 집으로 데려다 주겠다고 할 때
– 놀이터에서 놀고 있는데 엄마가 다쳐서 너를 병원으로 데리러 왔다고 할 때
– 좋아하는 초콜릿, 로봇 등을 사주겠다고 접근할 때
– 혼자 집을 보고 있는데 친척이라고 문을 열어 달라고 할 때
– 엘리베이터를 타고 17층에 사는 친구 집을 가는데 누군가가 내 몸을 마구 만지려고 할 때

- 지속적으로 나를 괴롭히는 사람이 있을 때에도 반드시 사실을 부모, 교사 등 주변의 사람들에게 알려야 함을 강조해 주십시오.
- 유괴나 성(性)적 학대의 가해자는 반드시 무섭게 생긴 아저씨만이 아니라는 것, 주변의 낯익은 사람일 수도 있다는 것을 강조해 주시기 바랍니다.
- 특히 성(性)과 관련된 안전교육의 경우, 여아에게만 집중하는 경우가 있는데, 남아(男兒)에게도 자신의 몸을 소중히 보호해야 함을 가정에서도 다시 한 번 알려 주시기 바랍니다.

부록 2 보육시설 안전/영양관리 자체 진단표

1. 시설관리

(양호: O / 불량: X)

구분		점검사항	점검
시설 환경	건물 및 주변 환경	1 보육시설은 지상으로 직접 나갈 수 있는 지상층(피난층 포함)에 설치되어 있다.	
		2 보육시설이 입주해 있는 건물 또는 바로 인접한 건물에 공장, 음식점, 페인트판매점, 가스충전소 등 발화위험시설이 없다.	
		3 보육시설 주변에 유해시설이 있다.	
		4 소방차가 건물에 접근하는 데 장애물이 없으며, 충분한 도로폭(4.5m 이상)이 확보되어 있다.	
		5 건물 주변 및 보육시설 내 놀이터 등에 설치된 가로등은 감전 등에 대한 안전조치가 되어 있다.	
		6 보육시설의 입주한 건물 위 또는 건물 입구 부근을 지나가는 고압전선이 없다.	
	보육실	1 영아들이 사용하는 보육실은 1층에 배치되어 있다.	
		2 낮잠 및 급식이 보육실에서 이루어질 경우, 침구나 식탁배치 공간이 충분하다. (낮잠 시 영아 침구 간격 60cm 이상)	
		3 영아 보육실 내 기저귀 갈이대가 있고, 없는 경우에 위생적인 깔개가 설치된 대체 공간이 있다.	
		4 보육실 내에 세면대가 설치되어 있어 수시로 사용할 수 있고 적정온도의 온수가 나오고 있다.	
		5 창문 주변에는 딛고 올라설 만한 물건이 비치되어 있지 않다.	
		6 2층 이상에 위치한 보육실 창문에는 추락사고 예방을 위한 보호 안전망을 갖추고 있다.	
		7 보육실의 공간은 영 · 유아 활동에 충분한 면적이 확보되어 있다.	
	비품	1 날카로운 물건(칼, 송곳 등)은 잠금 장치가 있는 곳에 보관하고 있다.	
		2 낮잠 및 급식이 보육실에서 이루어질 경우, 침구나 식탁배치 공간이 충분하다. (낮잠 시 영아 침구 간격 60cm 이상)	
		3 영아 보육실 내 기저귀 갈이대가 있고, 없는 경우에 위생적인 깔개가 설치된 대체 공간이 있다.	
실내 환경	놀잇감	1 모든 놀잇감에는 날카로운 부분이나 모서리, 가시, 갈라진 곳이 없다.	
		2 놀잇감은 영 · 유아가 꺼내고 수납하기 알맞은 높이에 있으며 크거나 무거운 놀잇감은 교구장 아래에 위치해 있다.	
		3 모든 놀잇감은 무독성 재료로 되어 있다.	

실내 환경	가구 · 침대	1 보안을 위한 잠김문과 초인종이 설치되어 있다.	
		2 현관문에는 손끼임 방지장치가 설치되어 있다.	
		3 의자와 책상의 높이는 영 · 유아의 신체 발달에 맞는 크기다(18~30개월의 영아: 28cm, 41cm, 유아: 33cm, 48cm).	
		4 책상, 의자 및 교구장 등 모든 가구의 모서리가 둥글고 표면이 매끄럽게 처리되어 있다.	
	현관홀	1 보안을 위한 잠김문과 초인종이 설치되어 있다.	
		2 현관문에는 손끼임 방지장치가 설치되어 있다.	
	계단	1 계단의 단높이는 16cm 이하며, 단높이가 일정하게 구성되어 있다.	
		2 계단의 단너비는 26cm 이상이며, 단너비가 일정하게 구성되어 있다.	
		3 계단의 경사도는 너무 급하지 않고 완만하게 구성되어 있다.	
		4 계단에는 충분한 조명이 설치되어 있다.	
	난간	1 높이 1m를 넘는 계단 및 계단참에는 난간 또는 핸드레일이 설치되어 있다.	
		2 난간살의 간격은 10cm 이하로 되어 있다.	
	복도 및 문	1 복도와 보육실 등의 바닥은 높이 차이가 없다.	
		2 복도 바닥에서 1.3m 높이까지는 벽체 파손 시에도 위험하지 않은 재료로 되어 있다.	
		3 복도에 노출되는 벽모서리나 기둥모서리는 코너가드 등을 사용하거나 모따기하여 둥글게 되어 있다.	
		4 보육시설 내 모든 문에는 도어클로저(Door-Closer) 등 안전장치가 설치되어 있다.	
	화장실 · 목욕실	1 화장실 바닥표면은 물에 젖어도 미끄러지지 않도록 안전조치가 되어 있다.	
		2 영 · 유아용 변기를 갖추고 있어 영아와 유아가 사용하기에 적절하다.	
		3 냉 · 온수가 공급되고, 더운물의 온도는 44~46°C 이하를 유지할 수 있도록 온도 조절장치나 온수밸브잠금장치, 온도계가 비치되어 있다.	
		4 락스, 세제 및 오염된 물질(변기를 청소하는 솔 등) 등은 유아의 손이 닿지 않는 곳에 뚜껑을 잠가 따로 관리하고 있다.	
	주방	1 주방으로 들어가는 문이나 주방열기구 근처에 유아들의 출입을 막을 수 있는 문(잠금장치가 있는 가림막) 등이 설치되어 있다.	
		2 중 · 간식을 위한 기본 시설 · 설비 및 도구가 구비되어 있다(냉 · 온수, 싱크대, 조리대, 가스대, 냉장고, 각종 조리도구, 중 · 간식 운반대 등).	
		3 소화기가 비치되어 있다.	
실외 환경	시설 · 설비	1 실외놀이 시설물은 바닥에 안전하게 고정되어 있다.	
		2 고정 시설물들 사이의 간격은 최소 3m(또는 1.5m 이상)다.	
		3 놀이기구의 높이는 2.5m 이하다.	

실외 환경	시설 · 설비	4 유아의 몸이 낄 만한 틈이 있는 기구가 없다(손가락: 8mm 이하 · 25mm 이상, 발: 30mm 이하, 머리: 9cm 이하 · 23cm 이상).	
		5 실외 놀이시설이 옥상에 설치되어 있는 경우에 추락방지를 위한 견고한 안전망이 설치되어 있다.	
		6 모든 놀이시설물은 녹, 페인트 벗겨짐, 거친 표면, 부패나 손상 등의 상해위험이 없다.	
		7 실외환경과 놀이시설에 대한 일일안전점검을 실시하고 기록, 관리한다.	
		8 놀이 시설물은 정기적으로 정밀검사를 받고 있다.	
	바닥	1 유아가 추락할 가능성이 있는 놀이시설물 아래와 주변의 공간(안전지대)은 충격을 흡수할 수 있도록 되어 있다(25~30cm 이상의 모래, 우레탄 바닥, 매트, 타이어, 합성물, 나무조각 등).	
		2 유아가 걸려 넘어지거나 부딪칠 수 있는 방해물이나 못, 나사, 유리조각 같은 이물질이 없다.	
	교통 환경	1 유아가 추락할 가능성이 있는 놀이시설물 아래와 주변의 공간(안전지대)은 충격을 흡수할 수 있도록 되어있다(25~30cm 이상의 모래, 우레탄 바닥, 매트, 타이어, 합성물, 나무조각 등).	
		2 유아가 걸려 넘어지거나 부딪칠 수 있는 방해물이나 못, 나사, 유리조각 같은 이물질이 없다.	
		3 어린이 통학버스로 등록된 차량이며 차량 앞 유리에는 어린이 통학버스 신고필증이 부착되어 있다.	
		4 차내 모든 좌석에 2~5세를 위한 안전벨트와 안전시트가 설치되어 있다.	
		5 비상사태 시를 대비하여 차량 내에 구급상자가 비치되어 있다.	
		6 차량 내에 안전수칙이 부착되어 있다.	
		7 차 맨 앞좌석에는 차량용 소화기가 고정되어 있다.	
		8 어린이 통학버스 운행 시 반드시 보조교사가 탑승한다.	
		9 정기적으로 차량 안전점검을 실시하고 있다.	
		10 통학버스 운행노선도와 운행시간 계획을 가지고 있다.	
		11 통학버스의 안전한 승하차 지점과 대기 장소가 명시되어 있다.	
		12 운행 일일 안전점검표를 기록하고 있다.	
		13 운전자는 안전 교육 훈련을 받은 사람이다.	
		14 운전자는 적합한 자격을 가진 사람이다(15인승 이상 버스운전자는 대형운전면허를 소지하고 있다).	

2. 안전관리

구분	점검사항	점검
영·유아, 시설 종사자, 부모 대상 안전교육	1 영·유아 대상 연간 안전교육 계획이 수립되어 있으며, 이를 실시한다.	
	2 보육시설은 모든 시설종사자를 대상으로 연간자체 안전교육 계획이 수립되어 있으며, 이를 실시한다.	
	3 신규종사자, 자원봉사자, 특별활동 교사, 임시교사는 안전보육에 대한 오리엔테이션을 받는다.	
	4 보육시설은 부모 대상 연간 안전교육 계획이 수립되어 있으며, 이를 실시한다.	
	5 부모들에게 안전교육에 대한 정보를 정기적으로 제공한다(가정통신문, 게시판, 부모강연 등).	
영·유아, 시설 종사자, 부모 대상 안전교육	1 실내 환경과 시설 · 설비 및 비품 · 교구에 대한 일일안전점검을 실시하고 기록 · 관리한다.	
	2 안전관리를 위한 명문화된 지침을 눈에 띄는 곳에 비치하고 있다.	
	3 놀잇감이나 교구는 정기적으로 소독하고 깨끗하게 관리한다.	
	4 전기, 가스는 해당 시설유관기관에서 정기 안전점검을 받고 있다.	
	5 1년마다 관할 소방서로부터 소방시설에 대한 화재안전검사를 받고 있다.	
	6 2년마다 수질을 검사한다(물탱크, 실내 · 외 수영장, 물놀이장 , 정수기 등).	
보험	1 보육시설에 입소하는 유아 전원이 상해보험에 가입하고 있고, 보험가입에 소요되는 비용을 부담한다.	
	2 보육시설의 장은 화재보험에 가입하고 있다.	
	3 유아 등원을 위한 통학버스는 종합보험, 유상운송특약보험에 가입되어 있다.	
안전 감독 및 안전관리	1 영 · 유아를 보육하는 모든 장소와 상황에는 종사자가 감독하고 있다.	
	2 안전사고 발생 시 사고일지에 기록하고 있다.	
	3 안전사고 발생 시 일어난 사고에 대해 부모에게 알리고 있다.	
발화 방지	1 주방의 가스레인지 등 화기시설 주변에는 가연물이 없다.	
	2 가스레인지 중간 밸브와 가스 누설 자동차단장치가 설치되어 있다.	
	3 가스통과 가스밸브는 유아가 접근하지 못하는 장소에 있다.	

구분	항목	
통보	1 보육실, 복도, 계단 등에는 감지기가 설치되어 있다.	
	2 화재경보벨은 잘 보이는 곳에 설치되어 있으며, 설치 높이는 바닥으로부터 0.8m 이상, 1.5m 이하다.	
	3 주방의 가스레인지 상부에 자동확산 소화기가 설치되어 있다.	
	4 보육실, 복도, 계단 등에는 스프링클러(살수기)가 설치되어 있다.	
	5 소화기는 각 층마다 설치되어 있다.	
피난 안전성	1 보육실 비상구는 매 층마다 두 군데 이상 확보되어 있다.	
	2 화재 등의 비상 시 건물 내 어떠한 장소에서도 양방향 피난이 가능하도록 되어 있다.	
	3 영아 보육실은 주출입구에 가장 가까운 곳에 배치되어 있다.	
	4 피난출구 등 안전한 장소로 가는 통로에는 피난유도등이나 유도표지가 부착되어 있고 피난 출구로의 방향을 정확히 표시하고 있다.	
	5 각 교실과 복도에는 화재 시 대피경로가 제시되어 있다.	
	6 2층 이상 시설의 경우 미끄럼대 또는 구조대 등이 설치되어 있다.	
	7 비상구, 계단 등 주요한 대피경로 주변에 주방이 설치되어 있지 않다.	

3. 건강관리

	점검사항	점검
보건관리 기준 및 보건서비스	1 영 · 유아 건강관리의 목표, 범주, 필요한 보건서비스 등을 포함한 구체적 관리기준이 서면화되어 있다.	
	2 영 · 유아의 입소 신청 시 예방접종표에 따른 접종 여부를 확인하여 입소시키며, 이후 연령에 따른 추가접종 여부를 기록 · 관리한다.	
	3 영 · 유아를 대상으로 연1회 건강검진과 체격검사를 실시한 후 기록 · 보관하며 그 결과를 부모에게 알린다.	
	4 매일 영 · 유아의 건강상태를 관찰하고 체크하고 기록하고 있다.	
	5 영 · 유아의 가정 내 학대증후군(예, 멍, 골절, 정서불안 등)을 관찰하고, 보육시설 내 학대에 대해서도 민감한 문제의식을 가지고 있다.	
	6 영 · 유아의 보건교육, 부모를 대상으로 한 알림이나 교육 등을 통해 건강증진 보건서비스를 행하고 있다.+	
	7 건강관리 기록을 분석하고 건강통계를 작성, 활용한다.	
	8 영 · 유아 건강과 관련된 모든 기록들은 건강기록부에 잘 정리한 후 영 · 유아가 보육시설을 퇴원 시 부모에게 돌려주어 평생건강정보로서의 활용을 돕는다.	
	9 종사자 신규채용 시 및 1년 1회의 건강진단을 실시하고 있다.	
	10 종사자의 건강 및 안전관리에 대한 프로그램이 있다. * 있다면 어떤 것? ______________________________	
보건관리 인력 및 계속 (보수)교육	1 건강전문 담당인력이 보육교사로 근무하고 있다. * 있다면 어떤 자격 __________ 없다면 대체인력 ____________	
	2 건강전문 인력은 보육아동 건강과 관련하여 계속(보수)교육을 받고 있다. * 받고 있다면 ____________ 년에 ____________ 회	
지원체계 및 감독체계	1 영·유아에게 건강상 문제 발생 시 건강회복을 위해 지역사회체계 내에 협력기관이 1개 이상 있다.	
	2 위와 같은 협력사항을 서면으로 보관하고 있다.	
	3 영·유아에게 전염병 등 파급효과가 있는 건강문제 발생 시 질병을 관찰하여 보고해야 하는 체계 및 감독기관이 있다. * 있다면 어디? ____________________________	
	4 영·유아 관련 공무원 또는 관련 전문가들로부터 영 · 유아 건강관리에 대한 정보를 주기적 또는 계속적으로 제공받고 있다.	
약품 · 투약 관리	1 구급약의 종류, 보관방법 및 보관처, 사용법 및 부작용 등에 대해 서면화하였으며, 보육시설 교직원 누구나 잘 알고 사용할 수 있다.	
	2 투약 시 보고서를 작성하여 보호자에게 전달한다.	
	3 의사의 처방 없이도 살 수 있는 약품들의 오남용 인식을 가지고 있고, 이런 약품의 사용 시 일지에 기록하고 부모에게 보고한다. * 사용한다면 어떤 경우인지? ________________	

4. 영양관리

	점검사항	점검
위생 관리	1 위생복, 위생화, 앞치마, 위생모를 착용한다.	
	2 배식 시 배식 전용기구, 마스크, 위생장갑을 사용하고 있다.	
	3 작업 전 건강상태를 확인한다(감기, 설사, 손 상처자, 화농성질 환자 조리금지).	
	4 유통기간 확인 및 선입선출을 준수하고 있다.	
	5 식재료 보관실은 항상 청결을 유지하고 있다.	
	6 가열 식품의 중심온도를 세 군데 이상 측정(74°C)하여 확인하고 있다.	
	7 조리 후 온도관리(적온급식)시설 및 오염방지를 위한 조치를 취하고 있다.	
	8 보존식 보존 및 관리기준을 준수하고 있다(배식 직전 소독된 전용용기의 3/4 이상 채취하여 72시간 냉장 보관).	
	9 식기류 및 조리기구의 세척, 소독을 철저히 하고 있다.	
	10 쓰레기 및 잔반은 즉시 처리하고 있다.	
	11 세제, 소독제, 살충제에 라벨을 부착하고 분리 보관하여 오염 또는 혼입을 방지하고 있다.	
	12 방충, 구서 등을 위한 정기적인 방역 소독필증을 보관하고 있다.	
식재료 관리	1 식재료의 입고날짜를 기록한 라벨을 부착하고 있다.	
	2 식재료 검수일지를 작성하고 보관하고 있다.	
	3 식재료의 재고관리를 기록하고 유지하고 있다.	
작업관리	1 조리 후 2시간 이내 배식하고 있다.	
	2 표준 레시피를 작성하고 있다.	
	3 영양사나 교사는 검식 후 검식일지 작성 및 배식점검을 하고 있다.	
시설 · 설비 관리	1 조리장을 오염작업 구역과 비오염작업 구역으로 구분하고 있다.	
	2 조리장 바닥과 배수로에는 물고임 및 냄새역류 방지 시설이 설치되어 있다.	
	3 후드, 환풍기, 생수기, 자외선소독기가 설치되어 있고 청결하다.	
	4 칼, 도마 등을 소독하는 소독시설과 위생적인 보관설비를 구비하고 있다.	
	5 방충, 방서를 위한 적정 설비가 구비되어 있고 정기적으로 관리하고 있다.	
급식경영 관리	1 조리실 내에 단체급식 신고필증, 영양사면허증, 조리사자격증이 게시되어 있다.	
	2 급식운영계획서가 비치되어 있다.	
	3 급식일지를 작성하고 보관하고 있다.	
	4 위생점검 일지를 작성하고 보관하고 있다.	

부록 3 활동별 교수-학습 과정안

소방안전에 관한 활동계획안

활동명	불, 불, 불조심
안전교육내용	위험한 상황판단과 대처 방안을 안다.
활동목표	불조심의 필요성과 불조심을 하는 방법을 안다.
활동자료	불을 사용하는 장면의 그림자료, 불을 잘못 다루어 불이 난 위험한 장면의 그림자료
활동형태	이야기 나누기
활동내용	1. 아이들과 우리가 언제 불을 사용할 수 있는지 이야기해 본다. 2. 그림자료를 보며 불을 잘못 다루고 있는 상황 그림을 이야기 나눈다. - 무엇을 하고 있는 그림인가? - 왜 위험하다고 생각하니? - 이런 일이 일어나지 않게 하려면 어떻게 해야 될까? 3. 그 밖에 우리 주위에서 불이 날 수 있는 것을 찾아서 이야기해 본다. 4. 활동지에서 위험한 것을 찾아보고 왜 위험한지 어떻게 해야 하는지 이야기해 본다.
사후활동	불조심 포스터를 만들어 본다.

교통안전에 관한 활동계획안

활동명	자동차 여행
안전교육내용	문이 4개인 자동차 뒷 자석에 탈 경우 유아 혼자 내리지 않게 한다.
활동목표	차를 탈 땐 어떻게 타는 것이 안전한지 유아 스스로 생각해 볼 수 있다.
활동자료	그림자료
활동형태	이야기 꾸미기
활동내용	1. 가족과 함께 자동차로 놀러 갔던 경험을 이야기한다. 　– 어디로 누구와 함께 갔었니? 　– 자동차 어디에 앉아서 갔니? 2. 자동차를 탈 때와 타고 나서의 행동에 대해 이야기한다. 　– 차를 탈 때는 어떤 것을 조심해야 할까? 　– 타고 나서 차 안에서는 무엇을 조심해야 할까? 3. 조심할 사항을 나열해 본다. 4. 그림자료를 보며 자신의 경험에 비추어 이야기를 꾸며 본다. 　– 여기 철수네 가족이 자동차를 타고 할머니 집으로 놀러 가려고 해요. 　– 할머니 집으로 가면서 어떤 일들이 일어날지 같이 이야기를 꾸며 보자.
사후활동	꾸민 이야기로 동극자료를 만들어 본다.

환경안전에 관한 활동계획안

활동명	바다를 청소해요
안전교육내용	바다를 깨끗이 만들어요.
활동목표	오염된 물에서 물고기들이 살 수 없음을 인식한다.
활동자료	낚싯대 2개, 물고기 그림, 쓰레기, 점수판, 풀장 2개
활동형태	게임
활동내용	1. 풀장에 쓰레기와 물고기가 같이 들어 있는 것을 보여 준다. - 지금 바다가 어떠니? - 물고기가 어떨까? - 우리들이 바다 속을 청소해 준다. 2. 게임 방볍을 설명해 준다. - 낚싯대를 들고 가서 자기 팀의 바다에 있는 쓰레기를 낚싯대로 건져 오는 게임이야. - 물고기를 잡아 오면 될까? 3. 팀을 나눈다. 4. 약속을 정해 본다. 5. 게임을 시작한다.
사후활동	바다 청소 전후를 비교하여 활동지를 작성해 본다.

놀이안전에 관한 활동계획안

활동명	축구장에 가요
안전교육내용	공공장소에서 질서를 지킴이 안전함을 안다.
활동목표	경기 관람 시 지켜야 할 일을 알고 지킬 수 있다.
활동자료	
활동형태	견학(현장학습)
활동내용	1. 축구장에 가서 볼 수 있는 것에 대해 이야기한다. - 축구장에 가면 어떤 것들을 볼 수 있을까? 2. 축구장에서 지켜야 할 약속을 정한다. - 어떤 약속을 지켜야 할까? - 줄을 서서 표를 산다. - 자리에서 함부로 일어서지 않는다. - 병, 깡통을 던지지 않는다. - 쓰레기는 정해진 곳에 버린다. 3. 평가하기 - 경기장을 다녀온 후 관람했던 일에 대해 이야기한다. - 질서는 잘 지켰는가? - 휴지는 휴지통에 버렸는가?
사후활동	경기장 관람 내용을 그림으로 표현해 본다.

위생안전에 관한 활동계획안

활동명	깨끗하고 튼튼하게
안전교육내용	목욕을 함으로써 위생적인 생활을 할 수 있게 한다.
활동목표	목욕을 중요성을 안다.
활동자료	녹음기, 녹음테이프, 그림카드
활동형태	노래 개사하기
활동내용	1. 그림카드를 보여 준다. - 무엇을 하는 그림이니? - 세수를 하지 않으면 어떻게 될까? - 그림대로 한번 해 볼까? - 어떻게 하면 좀 더 깨끗한 모습이 될까? 2. 노랫말을 카드를 보여 주며 바꿔 본다. 3. 바꾼 노래를 부르며 녹음을 한다. 4. 녹음된 테이프를 들으면서 노랫말대로 몸을 움직여 본다. (예, 양치해: 양치하는 동작, 세수해: 세수하는 동작) 5. 노랫말의 순서대로 그림카드를 융판에 붙인다. 6. 유아들이 익숙해지면 자유롭게 다양한 동작을 만들어 본다.
사후활동	깨끗이 목욕한 후의 느낌을 이야기 나누어 본다.

시설 안전에 관한 활동계획안

활동명	청소할 때 필요해요
안전교육내용	도구를 바르게 사용하기
활동목표	청소할 때 사용하는 도구들의 용도를 알고, 안전하고 바르게 사용한다.
활동자료	청소할 때 필요한 도구들, 여러 가지 청소기 사진이나 실물
활동형태	이야기 나누기
활동내용	1. 청소할 때 사용하는 도구와 기계에 대해 이야기를 나눈다. – 청소를 하려면 무엇이 필요할까? 2. 청소할 때 도구와 기계를 알아본다. – 걸레나 비를 사용할 때 주의해야 할 점들을 이야기한다. 3. 만약 청소 도구나 청소기가 없다면 어떻게 청소할 수 있을지에 대하여 이야기 나눈다.
사후활동	나만의 청소기를 만들어 시연해 본다.

대인 안전에 관한 활동계획안

활동명	나는 어떻게 태어났을까
안전교육내용	우리 몸의 소중함을 알기
활동목표	내가 태어나는 과정을 통해 자신과 다른 사람을 소중히 여기는 마음을 갖는다.
활동자료	그림자료, 손인형
활동형태	이야기 나누기
활동내용	1. 손인형이 이야기를 전개해 나간다.(경험담) "우리 집 강아지가 새끼를 낳았어. 태어난 새끼 강아지가 너무 예뻐서 만지려고 하니까 어미가 날 물려고 했다. 엄마가 그러시는데 사랑하는 새끼를 누가 함부로 만지려 하니 화가 나서 그런 거래. 우리 엄마도 그렇다고 하더라." 2. 우리가 어떻게 태어났는지 알아본다. - 강아지는 어떻게 태어났을까? - 누가 우리를 낳아 주셨을까? 3. 그림자료를 보며 어떤 그림인지 이야기한다. • 부모님이 서로 사랑하는 그림 - 어떤 그림인 것 같니? • 배 속의 아이가 점점 자라는 그림 - 아기는 어디서 자랄까? - 아기는 엄마 배 속에서 어떻게 살 수 있을까? - 얼마 동안 배 속에 있을까? • 엄마가 안고 있는 그림 4. 우리가 이러한 과정을 통해 태어난다는 것과 나와 다른 모든 사람들도 소중하다는 것을 안다. 5. 강아지의 행동을 이해한다.
사후활동	나의 성장과정을 사진으로 스크랩해 본다.

부록 4 **안전교육 사이트**

1. 일반 안전교육 사이트

★ 꼬마안전짱-http://ccoma.redcross.ac.kr/

어린이 안전교실, 꼬마안전짱은 우리들의 앞날을 희망으로 채워 줄 꼬마친구 여러분들이 스스로 조심하는 방법을 배워서 안전하게 자랄 수 있도록 돕기 위한 사이트다. 어린이 사고예방, 안전한 놀이환경 및 가정환경, 아동학대, 응급처치 안내, 퍼즐 게임 등을 제공한다. 어린이 눈높이에 맞춘 여러 사고 예방법과 함께 다양한 어린이 안전사고 사례를 알려 준다.

★ 어린이 안전학교-http://www.go119.org/

안실련 부설 연구소로 어린이 교통사고, 가스, 화재사고 등 안전사고 예방 교육자료, 응급처치 정보가 수록되어 있다. 교통, 화재, 학교, 놀이안전 등 10개의 사이버 안전 학교 코너를 신설, 어린이들에게 예방법과 안전사고 때의 행동요령을 자세히 안내한다. 이곳에서는 특히 어린이 교통사고의 원인을 교육 부재에서 찾고 어린이 안전교육을 법적으로 의무화할 것을 촉구하는 서명운동을 벌이고 있다.

★ 세이프 키즈 코리아-http://www.safekids.or.kr/

비영리 국제단체. 교통, 물놀이 안전, 어린이사고, 예방법 등 안전교육의 범위가 다른 사이트에 비해 다양하게 나와 있다.

또한 어린이안전 정보은행을 운영하는 점이 특이하다. '어린이 안전 나라' 에서 각종 안전사고의 원인과 예방, 대처요령을 다룬다.

★ 어린이 안전넷-http://www.isafe.go.kr/

어린이 안전넷은 우리 어린이들이 안전한 환경 속에서 건강하고 행복하게 자랄 수 있도록 도움을 주기 위해 만든 인터넷상의 어린이안전 종합정보망이다. 어린이안전 종합대책의 일환으로 만들어진 어린이 안전넷은 어린이안전 종합정보망으로서 어린이들이 인터넷을 통하여 생활환경에서 발생할 수 있는 각종 안전사고 유형 및 예방요령을 쉬고 재미있게 배울 수 있도록 꾸며 놓았다. 또한 교사 및 어린 자녀를 둔 부모님들에게도 어린이안전사고 예방을 위해 필요한 안전정보, 학습 자료를 제공하여 학교와 가정에서도 어린이 안전교육을 효과적으로실시하도록 유도하는 등 체계적이고 효율적인 어린이 안전교육의 장을 제공하고 있다. 우리나라 안전제도, 유형별사고 정보, 응급처치법, 안전 교육자료를 제공한다. 교통안전뿐 아니라 가정안전, 학교안전, 놀이안전, 공공시설안전, 식품안전, 화재안전 등 안전교육 내용을 아주 예쁜 만화동영상으로 학습할 수 있도록 한 안전교육이 특징이다. 어린이들이 컴퓨터로 직접 해 볼 수 있는 놀이도 제공하고 있으며, 선생님방에 들어가면 각종 안전 교육자료 문서도 찾아볼 수 있다.

★ 한국어린이 안전재단-http://www.childsafe.or.kr/

경기도 화성군 씨랜드 청소년수련원 화재로 목숨을 잃은 19명의 어린 유치원생의 부모들이 우리 사회의 뿌리 깊은 어른들의 안전불감증에서 아이들을 보호하고 다시는 이러한 참사로 인한 어린이들의 희생이 없기를 바라는 뜻에서 안전재단을 설립했다. 안전재단의 활동이 나타나 있으며 안전사고판례, 사고예방법, 안전수칙 등이 소개되어 있다.

★ 아동안전교육연구회 - http://home.freechal.com/safetyedu

안전 자료실과 안전글 등이 눈에 띄며 이곳에는 안전교육 사이트가 다양하게 올려져 있다. 아동안전 문서도 특징이다.

★ 한국생활안전연합-http://www.safia.org/

안전교실, 신고센터, 상담실, 교육 및 안전 관련정보가 제공되어 있다. 다양한 영역에서의 안전교육에 대한 설명이 나와 있다. 안전교실에 대한 교육이 부모에서부터 어린이, 교사까지 나와 있으며, 교육 안내란이 있어 좋다.

2. 화재 안전교육 사이트

★ 소방안전교육 자료실-http://fireschool.sc.kr/

소방안전교육 지도서, 프리젠테이션, 동영상, 사진, 기사를 제공한다. 그림으로 교육자료가 자세하고 재미있게 나와 있어 좋다.

★ 울산광역시 소방본부-http://fire.ulsan.go.kr/

울산시 소방서 소개, 민원안내, 어린이 소방교실, 소방동요, 불조심 표어 및 포스터, 소방안전교실이 제공된다. 특히 소방안전교실은 소화기 사용법과 응급처치방법, 화재 시 행동대처방법 등이 자세히 나와 있다.

★ 한국소방안전협회-http://www.kfsa.or.kr/

각종 소방관련법, 소방관련 질의 회신, 소방교육을 안내한다.

★ 119 안전신고센터-http://www.119.go.kr/

센터소개, 신고하기, 119상징, 소방상식, 전국 소방본부 등을 소개한다. 소방 정보란에 클릭해서 들어가 보면 여러 가지 화재 시 예방요령 등이 다양히 기재되어 있다.

★ 한국소방안전-http://www.kfs119.com/

원인, 장소, 계절별 화재예방요령 동영상 자료실 등이 수록되어 있다. 화재사진과 소방뉴스 등이 있으며 화재예방이 자세히 나와 있다. 전기화재, 담뱃불 화재 등 다양한 면에서의 화재에 대한 예방요령이 나와 있어 좋다.

★ 청주서부소방서-http://www.sb119.go.kr/

충청북도 청주시 풍산로에 위치, 소방서 소개, 소방안전 상식, 의무소방대 안내, 사이버민원실 등이 제공된다.

★ 부천시 어린이 교통나라–http://childnara.bcs.or.kr/

교육장 소개, 어린이교통교육 프로그램, 관람일정 등이 수록되어 있다. 그림으로 교통표지판 등 여러 가지 사고유형에 대해 다양하게 다루고 있다.

★ 교통안전공단–http://www.kotsa.or.kr/

교통안전교육 및 진단, 조사연구, 사고 유자녀 지원사업, 각종 자동차 검사가 제공되어 있다. 교통 및 철도와 자동차안전과 어린이 교통사고의 통계 등이 자세히 수록되어 있다.

★ 한국교통안전교육센터–http://www.ktec.or.kr/

실습 위주의 교통안전교육 실시, 아동교통 안전 지도사, 드라이빙스쿨, 어린이 교통안전교육 등의 정보가 제공되어 있다. 다른 사이트와 다르게 아동 교통안전 지도자의 교육내용을 다루고 있다.

5. 성교육 사이트

★ 함께 풀어 가는 성 이야기–http://www.edugender.or.kr/

연령대별로 유아, 초등, 중등으로 나누어 성교육을 다루고 있다. 유아교수학습 자료실이 자세히 나와 있고 자료 또한 풍부하다. 관련 사이트에 대해 기재되어 있다.

★ 알고 싶어요–http://woorisung.com/sung/

어린이 성교육 사이트. 몸과 마음에 일어나는 변화와 사춘기를 슬기롭게 보낼 수 있는 방법에 대해 알려 준다. 생명은 어떻게 시작되며, 태아는 어떻게 성장하는지를 사진으로 자세히 설명해 준다. 남자와 여자의 생식기관, 생리 현상의 차이점에 대해서도 알아볼 수 있다. 성폭력에 대한 지식을 바로잡아 주고, 성폭력 예방에 대해서도 다루어 준다.

★ 구성애의 푸른 아우성–http://www.9sungae.com/

청소년과 학부모를 위한 성상담, 직장인 성희롱 예방교육, 성교육 상담실, 커뮤니티 서비스 등을 운영한다. 유명한 구성애 성교육 강사의 명쾌하고 통쾌한 성교육 사이트다. 교육과 상담과 자료 등이 다양하게 기재되어 있다.

★ 알쏭달쏭 성이야기|http://alssongdalssong.pe.kr/main.html

성폭력의 유형, 양성평등의 의미 소개, 성교육 자료를 제공한다. 어린이들이 알아야 할 성교육의 영역을 동화와 역할극을 통해 자연스럽게 교육하는 것이 돋보이는 사이트다. 학생, 학부모, 교사가 다양하게 성상담을 할 수 있다.

부록 5 안전일지 및 사고보고서

안전사고 일지

년 월 일

담당	시설장

영유아명		성별	남, 여	생년월일	년 월 일(만 세)
사고일시	년 월 일(시 분)	반 명		처리교사	
사고장소		사고유형			
사고경위					
응급처리 상 황					
후 속 조 치					
비 고					

안전사고 보고서

년 월 일 기록자:

담당	시설장

기 관 명		전화번호			
기관주소					
상해영유아명		성별	남, 여	생년월일	
사고일자	년 월 일			사고시간	오전/오후
목격자명		부모에게 연락한 사항			
연락시간	오전/오후	110 신고 여부		□안 함 □신고함 (오전/오후)	
사고발생 장소	□ 등 · 하원길 □ 화장실 □ 교사실	□ 견학중 □ 복도 □ 식당	□ 실외놀이터 □ 주방 □ 계단	□ 실내놀이실 □ 대근육활동실 □ 기타 ( )	
사고당시 활동내용	□ 목욕 및 배변시간 □ 실내자유놀이 □ 계획된 실외놀이	□ 교실활동 □ 점심/간식시간 □ 물놀이	□ 계단오르내리기 □ 실외자유놀이 □ 기타 ( )		
상해를 입은 시설 설비	□ 오르기시설 □ 장애설비 □ 회전대 □ 미끄럼틀 □ 바퀴달린 장난감	□ 평균대 □ 담/문 □ 놀이집 □ 그네 □ 잘 모르겠음	□ 크롤(기어나가는 시설) □ 실외고정물 □ 시소 □ 바퀴달린 탈 것 □ 기타 ( )		
상해의 유형	□ 화상 □ 찢어짐 □ 베임 □ 기타 ( )	□ 쇼크/질식 □ 뼈가 부러지거나 탈구 □ 찰과상(벗겨짐)	□ 추락/강타 □ 압박, 눌림 □ 뻠	□ 물체에 끼임 □ 중독 □ 호흡곤란	

<table>
<tr><td colspan="3">상해를 입은 다른 아동이 있는가?</td><td colspan="2">☐ 예 ☐ 아니요</td></tr>
<tr><td>사고원인</td><td colspan="4">☐ 바닥으로 떨어짐: 떨어진 높이 약 _______ m
바닥의 형태 ___________
☐ 뛰거나 발을 헛디뎌 넘어짐 ☐ 다른 유아에게 물림
☐ 다른 유아에게 맞거나 밀림 ☐ 바퀴 달린 탈것(인라인 스케이트 등)
☐ 물체에 의해 다침 ☐ 음식물에 의한 질식
☐ 곤충에 물리거나 쏘임 ☐ 동물에게 물림
☐ 열, 추위에 노출 ☐ 기타 ( )</td></tr>
<tr><td>다친 부위
(좌, 우 표시)</td><td colspan="4">☐ 머리 ☐ 눈(L, R) ☐ 귀(L, R) ☐ 코
☐ 목 ☐ 가슴 ☐ 등 ☐ 엉덩이(L, R)
☐ 생식기 ☐ 팔(L, R) ☐ 손(L, R) ☐ 입
☐ 다리(L, R) ☐ 발(L, R)</td></tr>
<tr><td colspan="5">※ 보육기관에서 행해진 응급처치
(상술 예: 압박붕대, 세척, 붕대, 위로 등)</td></tr>
<tr><td>응급처치자</td><td></td><td>의료기관 진료여부</td><td colspan="2">☐ 안 함 ☐ 함</td></tr>
<tr><td>의료기관
진료를 한 경우</td><td colspan="4">☐ 외래 진료를 받음(예 : 진료실, 응급실)
☐ 입원(밤새 혹은 시간)</td></tr>
<tr><td colspan="2">아동의 보호(치료)를 위한 추후 계획</td><td colspan="3"></td></tr>
<tr><td colspan="2">재발방지에 필요한 교정활동</td><td colspan="3"></td></tr>
<tr><td>직원 서명</td><td colspan="4">(인) 날짜 : . . 오전/오후</td></tr>
<tr><td>부모 서명</td><td colspan="4">(인) 날짜 : . . 오전/오후</td></tr>
</table>

부록 6 기타 점검표

1. 소방훈련 일지

결재	

담당교사:

항목	년 월 일 시
중점훈련 내용	
참가인원	
소요시간	
훈련평가	
다음 훈련 시 준비사항	
비 고	

2. 실내외 시설 설비 및 소방안전 점검표

결재	

년 월 일 담당교사:

점검내역	점검내용	점검사항	재점검 확인
1. 복도계단			
· 바닥이 미끄럽지 않는가?			
· 계단의 난간은 위험하지 않는가?			
· 조명은 적절히 밝은가?			
· 걸려서 넘어질 장애물은 없는가?			
2. 교실			
· 원아가 넘어져서 다칠 장애물은 없는가?			
· 콘센트의 안전뚜껑은 덮여 있는가?			
· 깨진 유리창은 없는가?			
· 교실 시설물(교구, 비품) 등이 망가져 있는가?			
3. 화장실			
· 고장 난 변기나 세면대, 고장 난 문은 없는가?			
· 청소상태는 양호한가?			
· 비누와 수건이 준비되어 있는가?			
· 바닥이 미끄럽지 않는가?			
4. 식당			
· 조리대 선반 위에 놓인 물건이 아래로 떨어질 위험은 없는가?			
· 도시가스, 전자제품 등의 관리가 잘되어 있는가?			
· 부품이 빠진 것은 없는가?			
5. 소방관리			
· 손상된 전선은 없는가?			
· 소화기는 제자리에 있는가?			
· 화재 경보기는 제대로 작동하는가?			
· 대피로는 제대로 확보되어 있는가?			
6. 실외놀이기구			
· 망가져 위험한 놀이기구는 없는가?			
· 못이 빠져나오거나 나무가 갈라진 것은 없는가?			
7. 기타			
· 쓰레기는 잘 처리되었는가?			
· 비상등은 켜져 있는가?			
· 바닥에 고정시킨 연장코드에 걸려서 넘어질 위험은 없는가?			
8. 기타 시설보수가 필요한 사항			

3. 차량운행 일지

년 월 일

차량번호		운행 상황	운행누계	km	주유 현황	급유량	*l*
기 사			전일누계	km		소비량	*l*
탑 승 자			금 일 계	km		잔 량	*l*
승차아동	명	종합보험 유효기간		년 월 일 ~ 년 월 일			
운행시간	오 전	출발시간 : 시 분			도착시간 : 시 분		
	오 후	출발시간 : 시 분			도착시간 : 시 분		
경유지 및 목적지	유치원→……………………………………………………→유치원						

자동차 일일 점검표

점검내역	상 태	비 고
1. 운행 전 점검		
① 엔진오일은 정상인가?		
② 라디에이터 냉각수는 채워져 있는가?		
③ 에어크리너는 양호한가?		
④ 조정계통 작동은 양호한가?		
⑤ 타이어 압력 및 트랙은 양호한가?		
⑥ 브레이크 상태는 정상인가?		
⑦ 각부의 누설 개소는 없는가?		
⑧ 연료는 1/2 이상 채워져 있는가?		
⑨ 조향장치는 안전한가?		
⑩ 좌우 헤드라이트 및 각종 지시·표시등은 정상인가?		
2. 운행 중 점검		
① 출발 전 문은 확실히 잠겨 있는가?		
② 엔진 및 차체의 잡음은 없는가?		
③ 창문 밖으로 머리나 손을 내미는 영·유아는 있는가?		
3. 운행 후 점검		
① 타이어 압력 및 트랙은 양호한가?		
② 주차 브레이크는 정상인가?		
③ 청소상태 및 차체 외부 흠집은 양호한가?		
④ 자동차 문은 잘 잠겨 있는가?		
⑤ 열쇠보관 상태는 양호한가?		

※ 상태란에는 (양호: V) (수리 : △) (교환 : ×) (정비완료: O) 로 표기

※ 점검표는 운행한 기사가 기재

참고문헌

갈원모(1991). 효과적인 안전교육을 위한 체계적인 교수모형 설계에 관한 연구. 서울 보건 논문집, 11, 145-147.

강희숙(1994). 우발사고 요인 및 행위에 관한 연구. 서울대학교 대학원 박사학위논문.

곽은복(1999). 유아의 안전의식에 관한 연구. 한국교육문제연구소 논문집, 14, 107-122.

곽은복(2000). 유아안전교육프로그램의 구성 및 효과에 관한 연구. 중앙대학교 박사학위 논문.

교육부(1999a). 유치원 교육과정. 교육부.

교육부(1999b). 유치원 교육과정 해설. 교육부.

김기웅(1988). 기술의 이해. 한국행동과학연구소 편, 인간이해의 새 지평. pp. 115-126. 교육과학사.

김상호(1987). 태도교육. 교육과학사.

김수일(1995). 사회교육 방법론. 박영사.

김인식, 권요한(1995). 수업설계의 원리. 교육과학사.

김일옥(1998). 유아교육기관의 건강교육 실태에 관한 연구. 아동간호학회지, 4(2), 5-12.

김정률, 임형진, 정일호(1996). 아동발달과 학습. 서울: 교육출판사.

김호권, 이성진, 김상호(1992). 교육평가 핸드북. 서울: 교육과학사.

박남도(1996). 유아 교통안전교육 실태조사 및 개선방안에 관한 연구. 전남대학교 교육대학원 석사학위논문.

박명숙(1995). 유아 안전교육에 대한 기초연구. 강남대학교 논문집, 26, 509-536.

박성익 (1997). 교수 · 학습 방법의 이론과 실제. 교육과학사.

박성익, 최영수 (1996). 학습의 조건과 교수이론. 교육과학사.

박재문(1998). 지식의 구조와 구조주의. 교육과학사.

박찬옥(1986). 아동의 대인문제 해결사고에 관한 능력. 중앙대학교 대학원 박사학위논문.

박찬옥(1994). 사회 · 정서적 문제해결. 유아교육연구, 17, 25-35.

박찬옥, 방인옥, 이기현 외(1999). 유아교육과정. 정민사.

배호순(1992). 수업평가. 서울: 양서원.

배경희(1997). 취학 전 아동 교통 안전교육에 관한 연구. 연세대학교 교육대학원 석사학위논문.

성태제(1998). 문항제작 및 분석의 이론과 실제. 서울: 학지사.

서울시교육연구원(1996). 수업모형의 이론과 적용. 삼광문화사.

신건호(1988). 긍정적 설득과 부정적 설득이 태도변화에 미치는 영향. 한양대학교 대학원 박사학위논문.

유광찬(1997). 교육 방법 신강. 교육과학사.

이기숙, 장영희, 정미라 외(1997). 영 · 유아를 위한 안전 교육. 서울: 양서원.

이상우, 정광복(1994). 신안전교육. 서울: 세종출판사.

이성호(1999). 교수방법론. 서울: 학지사.

임희도, 고종렬, 신세호 역(1966). 교육목표 분류학. 서울: 범문사.

장영희, 정미라, 배소연(1997). 유아교육기관의 안전교육 실태. 유아교육연구, 17(1), 23-44.

전성태(1997). 초등학교의 안전교육에 대한 연구. 경남대학교 교육대학원 석사학위논문.

정경자(1984). 유치원 교사들의 보건지식 및 유치원의 보건교육, 안전실태에 관한 연구. 중앙대학교 교육대학원 석사학위논문.

정미라, 배소연(1999). 유아교사의 안전지식의 정도에 관한 연구. 유아교육연구, 19(1), 189-205.

최영일(1998). 초등학교 안전교육에 관한 연구. 한국교원대학교 대학원 석사학위논문.

한국교육개발원(1995). 어린이 안전교육지침서. 한국산업안전공단.

한국산업안전관리공단(1997). 유아교사용 안전교육 지도서. 한국산업안전관리공단.

한면희, 김용찬(1998). 사회과 창의적 교수법. 교육과학사.

홍성윤, 김유미(1999). 효과적인 교수방법. 중앙대학교 출판부.

황춘자(1990). 유치원 보건 행정과 유아 건강 교육에 관한 연구. 건국대학교 교육대학원 석사학위논문.

허운나(1990). 교육방법과 교육공학. 서울: 정민사.

허혜경, 김성희(1998). 유아건강교육의 이론과 실제. 서울: 창지사.

Allshouse, M., & Eichelberger, M. (1993). Childhood injury: A current perspective. *Pediatric Emergency Care, 9*(3), 159-164.

Ast, M. E. (1995). *Preschool children's conceptualization of safety and moral rules.* Unpublished Doctorial Dissertation, Oklahoma state University.

Bandura, A. (1977). *Social learning theory.* Englewood Cliffs: Prentice-Hall.

Barbara, D. (1986). *Safety: concepts and instruction.* NJ: Prentice-Hall Inc.

Bedworth, D. A., & Bedworth, A. E. (1978). *Health education*: A process for human effectiveness. NY: Harper & Row Inc.

Bever, D. L. (1984). *Safety, a personal focus.* S. L.: Mosby company.

Bijur, P. E. (1991). Can the identification of behavioral and social risk factors for childhood injuries contribute to effective prevention? *Pediatric Clinics of North America, 32*, 233-342.

Bonny, L. W. (1996). *Injury prevention for young children.* NY: Greenwood Press.

Bredekamp, S., & Rosegrant, T. (1992). Reaching potentials through approapriate curriculum; Conceptual frameworks for applying the guidelines, In S. Bredekamp, & T. Rosegrant (eds.) Reaching potentials; appropriate curriculum and assessment for young children, *NAEYC, Vol. I*, 28-42.

Bruner, J. S. (1962). *Process of education. Cambridge*, MA: MIT Press.

Cataldo, M. F. (1991). *Risk taking: An operant behavior analysis.* NJ: Ablex Publishing Corporation.

Clark, E. A., & Simmons, R. A. (1986). Can preschool children learn safety skill?: Evaluation of the safe at home curriculum. Paper presented at the annual training Conference of the National Head Start Association, Montreal(ERIC Document

Reproduction Service No. 270, 227).

Cook, T. D., & Campbell, D. T. (1979). *Quasi-Experimentation: Design and Analysis Issues for Field Settings.* Chicago: Rand McNally.

Coppens, N. M. (1986). Cognitive characteristics as predictors of children' s understanding of safety and prevention. *Journal of pediatric psychology, 11*, 189-202.

Curtis, M., & Susan, Z. (1995). Perceived benefit from child sexual abuse: Reply to Nash, Neimeyer, Hulsey, and Lamberet. *Journal of consulting and Clinical Psychology, 63*(6), 688-692.

Eichelberger, M., & Bowman, L. (1990). Parental attitudes and knowledge of child safety. *American Journal of Diseases of Children, 144*(6), 714-720.

Elrod, J., & Rubin, R. (1993). Parent involvement in sexual abuse prevention education. *Child Abuse and Neglect, 17*(4), 527-538.

Fawcett, S. B., & Jason, L. A. (1987). Policy research and child passenger safety legislation: A case study and experimental evaluation. *Journal of Social Issues, 43*, 133-148.

Florio, A. E., & Alles, W. F. (1979). *Safety education.* Mcgrow Hill, Inc.

Freel, K. A. (1994). *The guardians of childhood safety: the role of parents in injury prevention.* Unpublished Doctorial Dissertation, Chicago University.

Freda, B. (1995). *Developing personal safety skills in children.* London: Jessica Kingsley Publishing.

Gall, M. D., Borg, W. R., & Gall, J. P. (1996). *Educational Research* (6th ed.). NY: Longman Publishing.

Garbarino, J. (1988). Preventing childhood injury: developmental and mental health issues. *American Journal of Orthopsychiatry, 58*, 25-45.

Garrettson, L. K., & Gallagher, S. S. (1985). Falls in children and youth. *Pediatric Clinics of North America, 32*(1), 153-162.

Gelman, R. (1978). Cognitive development in Rosenzweig and Porter, *Annual Review of Psychology, 27*, 297-232.

Ginsburg, H., & Opper, S. (1969). *Piaget's theory of intellectual development: An instruction.* NJ: Prentice-Hall Inc.

Giustina, D., & Daniel, E. (1991). *Teaching safety in the elementary school.* NY: Reston

Inc.

Grantz, R. R. (1979). Accidental injury in childhood: A literature review on pediatric trauma. *Journal of Trauma, 19*, 551–555.

Greaves, P. E. (1990). Families at risk for unintentional injury among preschool children. Unpublished Doctorial Dissertation, South Carolina University. Gronlund, N. E. (1990). *Measurement and evaluation in teaching* (6th ed.). NY: MacMillan Publishing Inc.

Hechinger, G. (1984). *How to raise a street smart child*. NY: Maz, Inc.

Hoffman, M. L. (1994). Discipline and internalization. *Developmental Psychology, 30*, 26–28.

Holly, S., & Karen, G. (1993). Bicycle helmet counseling by pediatricians: *A random national survey. American Journal of Public Health, 83*(5), 728–730.

Hotchkiss, G. W. (1989). *Discussion training vs reinforced rehersal training of safety skill to preschool-aged children*. Unpublished Doctorial Dissertation, Aubun University.

Hughes, K. (1992). *Food education program*. Unpublished Doctoria Dissertation, Missouri Extension University.

Iozzi, L. A. (1989). What research says to the educator: Environmental education and affective domain. *Journal of Environmental Education, 20*(4). 124–148.

Johnson, H. W. (1972). Skill=Speed×Accuracy×Form×Adaptability. In R. N. Singer (Eds.), *Readings in motor learning*. Philadelphia: Lea & Febiger.

Jones, R. T., & Haney, J. I. (1981). Social validation and training of emergency fire safety skills for potential injury prevention and life saving. *Journal of Applied Behavior Analysis, 14*, 249–260.

Kelso, A. S. (1982). *Human motor behavior: An instruction*. Hillsdale, NJ: Elbaum.

Kendrick, D. (1993). Prevention of pedestrian accidents. *Achieves of Disease in Childhood, 68*(5), 668–672.

Langley, J., & Williams, S. (1983). Child behavior and accidents. *Journal of Pediatric Psychology, 8*, 181–189.

Leland, N. L., & Smith, D. K. (1993). Injuries to preschool-aged children in day-care centers. A restospective record review. *American journal of diseases of Children, 147*(8), 826–831.

Lewin, K. (1933). *Environment forces: a handbook of child psychology*. MA: University Press.

Liang, B., & McGrath, M. P. (1993). Differential understanding of sexual abuse prevention concepts among preschoolers. *Child Abuse and Neglect, 17*(5), 641–650.

Mager, R. F., & Pipe, P. (1984). *Analyzing Performance Problems*. NJ: Belmont Publishing Inc.

Marybeth, B. (1982). *Essential of safety*. N. J.: Prentice–Hall Inc.

Morrison, G. S. (1998). *Early childhood education today* (7th ed.). NJ: Prentice–Hall Inc.

Peterson, L. & Kivlahan, C. (1993). Judgements regarding appropriate child supervision to prevent injury: the role of environmental risk and child age. *Child Development, 64*, 934–950.

Peterson, L., & Mori, L. (1985). Prevention of child injury: An overview of targets, method, and tactics for psychologists. *Journal of Consulting and Clinical psychology, 53*, 586–595.

Piaget, J. (1965). *The moral Judgement of the Child*. NY: Free Press.

Pickle, B. (1989). *Increasing safety awareness of preschoolers through a safety education program*. Nova University.

Pratt, D. (1980). *Curriculum–Design and Development*. NJ: Allyn & Bacon, Inc.

Rivara, F. P. (1982). Epidemiology of childhood injuries: A review of current research and presentation of conceptual framework. *American Journal of Diseases of Children, 136*, 399–405.

Rivara, F. P., & Mueller, B. A. (1985). The epidemiology and causes of childhoodinjuries. *Journal of Social Issues, 43*, 13–31.

Rosenbaum, M. S., & Drabman, R. S. (1981). Training preschool children to identify emergency situations and make emergency phone calls. *Behavior Therapy, 12*, 425–435.

Robinson, C. R., & Fuller, J. O. (1996). *How can help make schools safe for children?* NY: Greeensboro Inc.

Sandy, K. W., & Saslawsky, D. A. (1986). Teaching personal safety skill for potential prevention of sexual abuse: A comparison of treatments. *Journal of Consulting and Clinical Psychology, 54*(5), 688–692.

Scott, R. J. (1992). *Preventing injury: A safety curriculum for preschool–kindergarten.* Unpublished Doctorial Dissertation, Albama University.

Sosin, D., & Dyck, P. (1993). Surface–specific fall injury rates on Utah school playgrounds. *American journal of Public health, 83*(5), 733–735.

Speigel, C. N., & Lindaman, F. C. (1977). Children can't fly: A program to prevent childhood morbidity and mortality from window falls. *American Journal of Public Health, 67*, 1143–1147.

Speltz, M. L., & Gonzales, N. (1990). Assessment of injury risk in young children: A preliminary study of the Injury Behavior Checklist. *Journal of Pediatric Psychology, 15*, 373–383.

Stranks, J. (1991). *The handbook of health and safety practice.* MA: A Simon and Schuster Company.

Susan, C. (1981). *Health and safety for young children.* Washington, D. C.: DHEW Inc.

Susie, B. (1995). *Healthy children handbook: Arkansas safe kid are no accident!* Arkansas Early Childhood Commission.

Valsiner, J. (1987). *Culture and the development of children's action.* Chichester, England: John Wiley & Sons.

Varney, A., & Joan, T. (1989). *The evaluation of personal safety curriculum for preschool.* University of michigan. M. A.

Vygotsky, L. S. (1978). *Mind in society.* MA: Harvard University Press.

Walton, W. W. (1982). An evaluation of the Poison Prevention Packaging Act. *Pediatrics, 69*, 363–370.

Wicklund, D., & Frost, F. (1984). Effects of maternal education, age, and parity on fatal infant accidents. *American Journal of Public Health, 4*, 1150–1152.

Williams, A. F., & Lund, A. K. (1992), Injury control: What psychologists can contribute. *American Psychologist, 47*, 1036–1039.

Wilson, M. H., & Garbarino, J. (1991). *Saving children: A guide to injury prevention.* N. Y.: Oxford university Press.

Worick, W. (1975). *Safety education*. Englewood Cliffs: Prentice-Hall.

Wurtele, S., Kast, L., & Melzer, A. (1992). Sexual abuse prevention education for young children: A comparison of teachers and parents as instructors. *Child Abuse and Neglects, 16*(6), 856-876.

Yeaton, W. H., & Bailey, J. S. (1978). Teaching pedestrian safety skills to young children: an analysis and one year follow-up. *Journal of applied Behavior Analysis, 11*, 315-329.

저자 소개

곽은복(郭恩福)

중앙대학교 대학원 유아교육과 졸업(문학박사)

前 한중대학교 유아교육학부 교수

경인교육대학교, 숭의여자대학, 신구대학 등 유아교육과 출강

現 충청대학 유아교육과 교수

〈연구물〉

「유아 안전교육프로그램의 구성 및 효과에 관한 연구」(박사학위논문, 2000)

「영유아를 위한 안전교육프로그램」(2000)

「유아의 안전 능력 향상을 위한 안전교육과정의 모색」(2000)

「보육시설에서의 유아안전교육에 대한 방향 모색」(2002)

「아동의 건강증진을 위한 교육프로그램 설계의 탐색적 연구」(2003)

「아동의 권리와 삶의 질 향상을 위한 방안 모색(2003)

『아동안전관리』(2006)

『활동중심 유아사회교육』(공저, 2007)

『유아교육개론』(공저, 2008) 외 다수

아동안전관리 2판

2006년 5월 30일 1판 1쇄 발행
2007년 2월 15일 1판 2쇄 발행
2008년 3월 13일 2판 1쇄 발행
2010년 8월 20일 2판 4쇄 발행

지은이 • 곽 은 복
펴낸이 • 김 진 환
펴낸곳 • ㈜ 학지사
121-837 서울시 마포구 서교동 352-29 마인드월드빌딩 5층
대표전화 • 02) 330-5114 팩스 • 02) 324-2345
등록번호 • 제313-2006-000265호
홈페이지 • http://www.hakjisa.co.kr
커뮤니티 • http://cafe.naver.com/hakjisa

ISBN 978-89-5891-621-5 93370

정가 14,000원